KB044722

Le Petit Prince

〈어린 왕자〉로 본 번역의 세계

생텍쥐페리
이정서

새움

〈어린 왕자〉로 본 번역의 세계

초판 1쇄 발행 | 2019년 1월 23일

지은이 앙투안 드 생텍쥐페리·이정서
발행인 이대식

편집 김화영 나은심 손성원 김자윤
마케팅 배성진 박상준 **관리** 홍필례
디자인 모리스

주소 서울시 종로구 평창길 329(우편번호 03003)
문의전화 02-394-1037(편집) 02-394-1047(마케팅)
팩스 02-394-1029
홈페이지 www.saeumbook.co.kr
전자우편 saeum98@hanmail.net
블로그 blog.naver.com/saeumpub
페이스북 facebook.com/saeumbooks
인스타그램 instagram.com/saeumbooks

발행처 (주)새움출판사
출판등록 1998년 8월 28일(제10-1633호)

ISBN 979-11-89271-39-8 03700

번역은 원래의 작가 문장에 다가가면 다가갈수록 감동을 줍니다

문학 번역은 반드시 '직역'을 해야 한다고 하면 사람들은 웃습니다. 원래 작가가 쓴 문장 그대로를 옮기는 것이 너무나 당연한 것인데, 이 당연한 말을 사람들은 의심하는 것입니다. 우리는 아주 오랜 시간, 그렇듯 작가가 쓴 서술 구조 그대로를 옮기는 직역은 불가능하다고 믿어 왔기 때문입니다.

그렇지 않다는 것을, 저는 처음 불어 소설인 〈이방인〉 번역 때 어슴푸레 알았고, 다음 책 〈어린 왕자〉를 번역하면서는 좀더 확실히 깨달았으며, 불어가 아닌 영어 소설 〈위대한 개츠비〉와 〈노인과 바다〉를 번역해 보면서 비로소 확신을 갖게 되었던 것입니다.

번역은 기본적으로 한 언어를 다른 언어로 바꾸는 일이기에 '의역'일 수밖에 없고, 따라서 작가가 아닌 이상 누구도 100% 정확하게 그 의미라고 확증할 수 없기에, 저 역시 숱한 시행착오를 거칠 수밖에 없었고, 그사이 여러 오해도 생길 수밖에 없었습니다.

그리하여 이번엔 '직역'에 대한 내 생각을 '설명'할 것이 아니라, 직접 원문과 번역문을 1 : 1 대응시켜 봄으로써 그것이 결코 불가능한 일이 아니라는 사실을 확인해 보고 싶었습니다.

이제 이 책 어느 장을 펼쳐 봐도, 작가가 원래 쓴 주어, 서술어, 대명사, 쉼표, 마침표, 접속사 등등 작가의 서술 구조와 다르게 역자 임의로 더하거나 빼다거나, 의역한 곳이 단 한 군데도 없다는 것을 알아볼 수 있을 것입니다. 또한 그렇게 직역된 문장들이 얼마나 감동적인가도……. 그렇다고 해서 제가 작가의 문장을 100%로 옮겼다고 주장하려는 것이 아닙니다. 원래의 작가 문장에 다가가면 다가갈수록 오히려 문장은 감동을 준다는 말씀을 드리고 싶은 것입니다. (실제 현재까지 18쇄를 찍은 제 〈어린 왕자〉 번역본만 해도 매 쇄 손을 보지 않을 수 없었습니다. 〈위대한 개츠비〉는 책을 거두어들이고 완전한 개정판을 내었으며, 직역이라고 그렇게 주장했던 〈이방인〉 역시 나중에 보니 곳곳에 의역한 곳이 보여 뒤늦게 많은 부분 바로잡아 개정판을 내지 않을 수 없었습니다. 번역 당시에는, 그때그때가 최선이었다고 믿었지만, 그게 아니었던 것입니다.)

그에 더해, 마치 우리가 세계의 공용어처럼 여기며, 모든 번역서의 원전처럼 여기는 영어 번역이 오히려, 그 언어의 특성상 절대로 '직역'을 할 수 없다는 사실도 깨닫게 되었습니다. 따라서 지금까지 우리가 금과옥조처럼 붙들고 온 많은 영미권 학자들의 번역이론 또한 우리 실정에는 맞지 않는 탁상공론에 불과했다는 사실 또한 확인하게 되었습니다.

그에 대한 설명 역시 본문 속에 넣어 두었습니다.

모쪼록 우리의 번역이 세계 어느 나라보다 앞서가, 작가의 원뜻을 고스란히 전달하는 가장 나은 수준에 이르게 되길 앙망합니다. 이 책이 그 길에 다다르는 작은 씨앗이 되길 바라는 마음 또한 간절합니다.

2019. 1. 11.

평창동 서재에서

이정서

차례

À LÉON WERTH

Je demande pardon aux enfants d'avoir dédié ce livre à une grande personne. J'ai une excuse sérieuse: cette grande personne est le meilleur ami que j'ai au monde. J'ai une autre excuse: cette grande personne peut tout comprendre, même les livres pour enfants. J'ai une troisième excuse: cette grande personne habite la France où elle a faim et froid. Elle bien besoin d'être consolée. Si toutes ces excuses ne suffisent pas, je veux bien dédier ce livre à l'enfant qu'a été autrefois cette grande personne. Toutes les grandes personnes ont d'abord été des enfants. (Mais peu d'entre elles s'en souviennent.) Je corrige donc ma dédicace :

À LÉON WERTH
quand il était petit garçon

레옹 베르트에게

나는 이 책을 한 어른에게 헌정한 것에 대해 아이들의 용서를 구합니다. 내게는 진지한 이유가 있습니다. 이 어른은 세상에서 내가 가진 최고의 친구인 것입니다. 내게는 다른 이유도 있습니다. 그는 모든 것을 이해하고, 심지어 아이들을 위한 책도 이해합니다. 내게는 세 번째 이유도 있습니다. 이 어른은 굶주림과 추위 속에 지내고 있는 프랑스에 머물고 있기 때문입니다. 그는 적절한 위로가 필요합니다. 만약 이런 모든 이유로도 충분치 않다면, 나는 이 어른의 옛날이었던 아이에게 이 책을 헌정하겠습니다. 모든 어른들은 처음에는 아이였습니다. (하지만 그것들을 기억하는 이는 거의 없습니다.) 나는 따라서 내 헌사를 고칩니다.

그가 작은 소년이었을 때의
레옹 베르트에게

13

◆ **Note** ◆

〈어린 왕자〉의 헌사는 작가인 생텍쥐페리가 어린이들에게 용서를 구하는 내용을 담고 있습니다. 따라서 우리말로 번역될 때에는 높임말로 옮겨지는 게 적당할 터입니다.

이를 위해 작가는 어른과 아이를 분명히 구분해 쓰고 있기도 합니다. 무엇보다 어린이들에게 하는 이 높임말은 내용 속에서도 일관되게 유지됩니다. 그럼에도 불구하고 기존의 대표적인 번역서들은 이것을 낮춤말로 번역하고 있는 것을 볼 수 있었습니다.

- 이 책을 어떤 어른에게 바치게 된 것을 어린이들이 용서해주었으면 한다. (김** 역)
- 나는 이 책을 어른에게 바친 데 대해 어린이들에게 용서를 빈다. (황** 역)

영역자는 어떻게 번역했을까도 살펴보았습니다. (참고로 본 영역본은 Katherine Woods 번역판입니다. 이것은 생텍쥐페리가 미국에 머무는 동안 함께 작업한 것으로 갈리마르사의 불어판보다 먼저 나온 것으로 권위를 인정받고 있습니다.)

I ask the indulgence of the children who may read this book
for dedicating it to a grownup. (캐서린 우즈 역)

존댓말과 반말이 분명히 구분되는 불어나 우리말과 달리 영
어는 존칭이 없습니다. 영어 번역자는 저 부분('아이들에게 용서를
구한다demande pardon aux enfants.')을 'ask the indulgence of the
children'으로 옮긴 것을 볼 수 있습니다. 그러고는 원문에 없는
'may read this book'이라는 설명까지 덧붙여 의역한 것입니다.

I

Lorsque j'avais six ans j'ai vu, une fois, une magnifique **image**, dans un livre sur la Forêt Vierge qui s'appelait « Histoires Vécues ». Ça représentait un serpent boa qui avalait un fauve. Voilà la copie du **dessin**.

1

내가 여섯 살이었을 때, 한 번은, 〈체험담〉으로 불리는 원시림에 관한 책에서 굉장한 이미지 하나를 보았다. 그것은 맹수를 삼키고 있는 보아뱀 한 마리를 보여 주고 있었다. 여기 그 그림의 모사본이 있다.

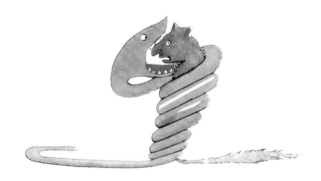

On disait dans le livre: « Les serpents boas avalent leur proie tout entière, sans la mâcher. Ensuite ils ne peuvent plus bouger et ils dorment pendant les six mois de leur digestion. »

J'ai alors beaucoup réfléchi sur les aventures de la jungle et, à mon tour, j'ai réussi, avec un crayon de couleur, à tracer mon premier dessin. Mon dessin numéro 1. Il était comme ça:

그 책은, '보아뱀은 먹이를 씹지도 않고 통째로 삼킨다. 그러고 나서 그들은 더 이상 움직일 수 없어서 소화를 위해 6개월 동안 잠을 잔다.'고 알려 주고 있었다.

나는 그때 정글의 모험에 대해 많이 생각했고, 이번에는 내가, 연필로, 내 첫 번째 그림을 그리는 데 성공했다. 나의 그림 1번. 그것은 이와 같았다.

J'ai montré mon chef-d'œuvre aux grandes personnes et je leur ai demandé si mon dessin leur faisait peur.

Elles m'ont répondu: « Pourquoi un chapeau ferait-il peur? »

Mon dessin ne représentait pas un chapeau. Il représentait un serpent boa qui digérait un éléphant. J'ai alors dessiné l'intérieur du serpent boa, afin que les grandes personnes puissent comprendre. Elles ont toujours besoin d'explications. Mon dessin numéro 2 était comme ça:

나는 내 걸작을 어른들에게 내보이며 내 그림이 혹시 그들을 두렵게 하는지를 그들에게 물었다.

그들은 내게 대답했다. "모자가 어째서 두렵게 할 거라는 거지?"

내 그림은 모자를 표현한 게 아니었다. 그것은 코끼리를 소화시키는 보아뱀을 표현한 것이었다. 나는 그래서 어른들이 이해할 수 있도록, 보아뱀의 안쪽을 그렸다. 그들에겐 항상 설명이 필요하다. 내 그림 2번은 이와 같았다.

Les grandes personnes m'ont conseillé de laisser de côté les dessins de serpents boas ouverts ou fermés, et de m'intéresser plutôt à la géographie, à l'histoire, au calcul et à la grammaire. C'est ainsi que j'ai abandonné, à l'âge de six ans, une magnifique carrière de peintre. J'avais été découragé par l'insuccès de mon dessin numéro 1 et de mon dessin numéro 2. Les grandes personnes ne comprennent jamais rien toutes seules, et c'est fatigant, pour les enfants, de toujours et toujours leur donner des explications.

J'ai donc dû choisir un autre métier et j'ai appris à piloter des avions. J'ai volé un peu partout dans le monde. Et la géographie, c'est exact, m'a beaucoup servi. Je savais reconnaître, du premier coup d'œil, la Chine de l'Arizona. C'est très utile, si l'on est égaré pendant la nuit.

J'ai ainsi eu, au cours de ma vie, des tas de contacts avec des tas de gens sérieux. J'ai beaucoup vécu chez les grandes personnes. Je les ai vues de très près. Ça n'a pas trop amélioré mon opinion.

Quand j'en rencontrais une qui me paraissait un peu lucide,

어른들은 내가 보아뱀의 안쪽을 그린 것이든 바깥쪽을 그린 것이든, 그에 관해서는 제쳐 두고 대신 지리, 역사, 수학, 그리고 문법에 관심을 가지라고 권고했다. 그것이 내가 여섯 살 나이에 화가라는 굉장한 직업을 포기하게 된 이유였다. 나는 내 그림 1번과 2번의 실패로 낙심하게 되었던 것이다. 어른들은 결코 혼자서는 어떤 것도 이해하지 못하고, 아이들은 언제나 그들에게 설명하느라 애쓰고 있는 것이다.

나는 따라서 다른 직업을 선택해야만 했고 비행기 조종하는 법을 배웠다. 나는 세상 곳곳을 비행했다. 그리고 지리는 정말이지, 내게 많은 도움을 주었다. 나는 중국과 애리조나를 한눈에 구별할 수 있었다. 만약 누구라도 밤에 길을 잃는다면, 그것은 매우 유용한 것이다.

인생을 살면서, 나는 많은 진지한 사람들과 숱한 교류를 가졌다. 나는 어른들 속에서 많은 체험을 했던 것이다. 나는 그들을 매우 가까이서 지켜봤다. 그것이 내 견해를 크게 변화시킨 것은 아니었다.

나는 조금 명석해 보이는 이를 만날 때마다 내가 항상 지니고 있던, 내 그림 1번을 보여 주는 실험을 했다. 나는 그 사람이 정말 이해하는지 알고 싶었던 것이다. 그러나 언제나 그 사

je faisais l'expérience sur elle de mon dessin numéro 1 que j'ai toujours conservé. Je voulais savoir si elle était vraiment compréhensive. Mais toujours elle me répondait: « C'est un chapeau. » Alors je ne lui parlais ni de serpents boas, ni de forêts vierges, ni d'étoiles. Je me mettais à sa portée. Je lui parlais de bridge, de golf, de politique et de cravates. Et la grande personne était bien contente de connaître un homme aussi raisonnable.

람은 "그거 모자네." 하고 대답했다. 그러면 나는 그 사람과 보아뱀이나, 원시림이나, 또는 별에 관해 이야기하지 않았다. 나는 내 자신을 그 사람에 맞추었던 것이다. 나는 그 사람에게 브리지*, 골프, 정치, 그리고 넥타이에 관해 이야기했다. 그러면 그 어른은 매우 지각 있는 사람을 알게 된 것에 대해 아주 만족해했다.

---

*bridge : 카드 게임의 일종.

⋆ Note ⋆

1장 첫 문장은 이렇게 시작됩니다.

Lorsque j'avais six ans j'ai vu, une fois, une magnifique **image**, dans un livre sur la Forêt Vierge qui s'appelait « Histoires Vécues ». Ça représentait un serpent boa qui avalait un fauve. Voilà la copie du **dessin**.

기존 번역서는 이렇게 되어 있습니다.

내 나이 여섯 살 적에, 한 번은 『체험담』이라고 부르는 원시림에 관한 책에서 멋진 그림 하나를 보았다. 보아뱀 한 마리가 맹수를 삼키고 있는 그림이었다. 그걸 옮겨놓은 그림이 위에 있다. (황** 역)

역자는 지금 image와 dessin을 모두 '그림'으로 번역한 것입니다. 저 둘 모두에 '그림'의 의미가 들어 있는 것은 맞습니다. 그럼에도 작가는 분명히 둘을 달리 쓰고 있는 것입니다.

영역자는 이렇게 했습니다.

Once when I was six years old I saw a magnificent **picture** in
a book, called True Stories from Nature, about the primeval
forest. It was a picture of a boa constrictor in the act of
swallowing an animal. Here is a copy of the **drawing**.

picture와 drawing으로 구분해 쓰고 있는 것을 볼 수 있습니다.
단순한 듯해도, 번역이라고 해서 이것도 되고 저것도 될 수 있는
것이 결코 아닙니다. 여기서 dessin이 그림을 가리키는 것은 명백
합니다. 그러나 image는 영어 번역처럼 우리에게 익숙한 '이미지,
형상'이라는 것을 알 수 있습니다. 그 이미지는 물론 그림일 수도
있고, 사진일 수도 있고, 다른 어떤 것일 수도 있습니다. 중요한 것
은 이후에도 image는 여러 번 쓰이는데 그것이 전부 그림을 가리
키는 건 아니라는 사실입니다.

이렇듯 흔히 범하는 '실수(?)'는 단지 명사나 형용사에 한정되지
않습니다.

중간에 나오는 단순한 한 문장,

Pourquoi un chapeau ferait-il peur?

이것의 바른 번역은 어찌 될까요?
우리 번역서는 이렇게 되어 있습니다.

"모자가 뭐가 무서워?" (김** 역)
「아니, 모자가 왜 무서워?」 (황** 역)

맞는 번역일까요?

우리가 번역서를 보면서 크게 오해하는 부분 가운데 하나입니다. 그 한 문장만 떼어 놓고 보면 말끔히 잘된 번역 같은데 전체를 읽고 나면 뭐가 뭔지 명료하지 않게 되는 것, 그것은 이런 부분들에 대한 세심한 주의가 빠져 버렸기 때문입니다. 글은 조사 하나로도 의미가 완전히 달라질 수 있는데 동사 시제의 경우라면 그건 두말할 필요도 없는 것입니다.

무슨 소리인가 하면, 여기서 작가는 동사를 가까운 미래의 의미로 쓰고 있는 것입니다. 우리말로 하면 '~할 것이다'. 따라서 번역하면,

"모자가 어째서 두렵게peur 할 거라는 거지?"

이 역시 단순한 듯해도 전혀 다른 뉘앙스가 되는 것입니다. 그냥 혼자 현재 시점에서 '이게 뭐가 무서워?'라고 하고 있는 게 아니라는 것입니다. 사람들이 왜 이 모자를 보고 두려움을 느낄 거라고 생각하는지 아이를 나무라고 있는 것이기 때문입니다.
영역자는 이것을 이렇게 번역했습니다.

"Frighten? Why should any one be frightened by a hat?" (캐서린 우즈 역)

시제는 원문에 가깝지만 의미는 조금 다르게 의역한 것을 볼 수 있습니다. 불어 peur가 영어의 frighten은 아니기 때문입니다. 영역자 역시 완전히 다른 문장 구성으로 의역을 한 것입니다.

첫 장이기에 한 문장만 더 보겠습니다. 작품 전체를 위해 반드시 짚고 가야 할 부분이기도 합니다.

Mon dessin ne représentait pas un chapeau.

이것을 역자들은 이렇게 번역했습니다.

내 그림은 모자를 그린 게 아니라 코끼리를 소화시키고 있는 보아뱀을 그린 것이었다. (황** 역)

내 그림은 모자를 그린 게 아니었다. 그것은 코끼리를 삼키고서 소화시키는 보아구렁이를 그린 것이었다. (김** 역)

두 역자 모두 동사 représentait를 '그렸다'고 번역한 것을 볼 수 있습니다. 이 문장이 그냥 독립적으로 쓰인 것이라면 딱히 지적할 거리가 못 될 것입니다. 그러나 여기서 représentait는 앞뒤 문맥상 절대로 우리말 '그리다'의 의미로 쓰인 게 아닙니다. 무엇보다 작가는 바로 이어지는 문장에서 '그리다'의 의미로 동사 'dessiné'을 쓰고 있기 때문이며, 이 작품에서 '그리다'의 의미는 대단히 중요하며 되풀이 강조되고 있기 때문입니다. 따라서 여기서 représentait는 표현하다, 묘사하다, 나타내다 등의 의미여야 이 문맥의 정확한 뉘앙스가 되며 제대로 작품을 이해할 수 있게 되는 것입니다.

영역자의 번역 역시 정확한 직역이라고 보기는 힘들 것 같습니다.

My drawing was not a picture of a hat. It was a picture of a boa constrictor digesting an elephant. (캐서린 우즈 역)

내 그림은 모자 이미지가 아니었다. 그것은 코끼리를 소화시키고 있는 보아뱀의 이미지였다.

정리하면,

작가는 〈어린 왕자〉 1장에서 어른들의 위선을 꼬집으면서 '나'라는 인물의 성격을 드러내 보이고자 하는 것입니다. 그에 더해 '나'라는 인물이 앞으로 만나게 될 '어린 왕자'와 대화가 가능한, 그만큼 '특별한' 어린 시절을 보낸 '어른'임을 알려 주고자 이런 서술을 하고 있는 것입니다. 이것을 역자들은 그냥 스토리만 따라가다 보니, '나'에 대한 정체성을 잘 드러내지 못하고 있을 뿐만 아니라, 이 작품의 또 다른 주제인 '어른'의 심리 세계와도 동떨어진 번역을 하고 있다 할 것입니다.

II

J'ai ainsi vécu seul, sans personne avec qui parler véritablement, jusqu'à une panne dans le désert du Sahara, il y a six ans. Quelque chose s'était cassé dans mon moteur. Et comme je n'avais avec moi ni mécanicien, ni passagers, je me préparai à essayer de réussir, tout seul, une réparation difficile. C'était pour moi une question de vie ou de mort. J'avais à peine de l'eau à boire pour huit jours.

Le premier soir je me suis donc endormi sur le sable à mille milles de toute terre habitée. J'étais bien plus isolé qu'un naufragé sur un radeau au milieu de l'Océan. Alors vous imaginez ma surprise, au lever du jour, quand une drôle de petite voix m'a réveillé. Elle disait:

—S'il vous plaît… dessine-moi un mouton!

— Hein!

2

나는 그렇게 혼자 살았습니다. 실상 이야기를 나눌 상대도 없이, 사하라사막에서 오도 가도 못할 처지가 된 6년 전까지 말입니다. 내 비행기가 얼마간 고장을 일으켰었습니다. 그리고 내게는 정비공이나 승객도 없어서, 단지 혼자, 그 어려운 수리를 해낼 각오를 다져야만 했습니다. 그건 내게 죽느냐 사느냐의 문제였습니다. 나는 간신히 일주일 치 마실 물이 있었을 뿐이니까요.

첫날 밤 나는 여느 주거지로부터 수천 마일 떨어진 모래 위에서 잠이 들었습니다. 나는 대양 한복판에 떠 있는 뗏목 위의 난파선 선원보다 더 고립되어 있었던 것이죠. 그러니 여러분은 동틀 무렵, 이상한 작은 목소리가 나를 깨웠을 때의 내 놀라움을 상상할 수 있을 거예요. 그는 말했죠.

"부탁인데요S'il vous plaît… 내게 양 한 마리만 그려 줘요!"

"응!"

– Dessine-moi un mouton…

J'ai sauté sur mes pieds comme si j'avais été frappé par la foudre. J'ai bien frotté mes yeux. J'ai bien regardé. Et j'ai vu un petit bonhomme tout à fait extraordinaire qui me considérait gravement. Voilà le meilleur portrait que, plus tard, j'ai réussi à faire de lui. Mais mon dessin, bien sûr, est beaucoup moins ravissant que le modèle. Ce n'est pas ma faute. J'avais été découragé dans ma carrière de peintre par les grandes personnes, à l'âge de six ans, et je n'avais rien appris à dessiner, sauf les boas fermés et les boas ouverts.

Je regardai donc cette apparition avec des yeux tout ronds d'étonnement. N'oubliez pas que je me trouvais à mille milles de toute région habitée. Or mon petit bonhomme ne me semblait ni égaré, ni mort de fatigue, ni mort de faim, ni mort de soif, ni mort de peur. Il n'avait en rien l'apparence d'un enfant perdu au milieu du désert, à mille milles de toute région habitée. Quand je réussis enfin à parler, je lui dis:

– Mais… qu'est-ce que tu fais là?

Et il me répéta alors, tout doucement, comme une chose très

"내게 양 한 마리만 그려 줘요……."

마치 나는 벼락이라도 맞은 듯이 벌떡 일어났죠. 나는 내 눈을 잘 보이게 문질렀답니다. 나는 주의 깊게 바라보았죠. 그리고 나는 엄숙하게 나를 살펴보고 있는 매우 기이한 복장의 꼬마 한 명을 보았습니다. 이것이 훗날, 내가 그를 성공적으로 그린 것 중에서 가장 나은 초상화입니다. 하지만 내 그림은, 물론, 실제 모델보다 덜 매혹적입니다. 그건 내 잘못이 아닙니다. 나는 어른들에 의해 화가라는 직업이 좌절된 여섯 살 이후, 보아뱀의 안과 밖을 제외하고는 어떤 것도 그리는 법을 배운 적이 없었기 때문이죠.

나는 너무 놀라 휘둥그레진 눈으로 이 환영을 바라보았죠. 잊어서는 안 될 것이, 나는 사람이 사는 지역으로부터 수천 마일 떨어져 있었던 것이죠. 그런데 이 꼬마는 내게 길을 잃은 것 같지도, 피곤해하는 것 같지도, 배가 고픈 것 같지도, 목이 마른 것 같지도, 두려워하는 것 같지도 않게 여겨졌죠. 그에게는 사막 한가운데서 길을 잃은 아이라고 할 만한 구석이 없었던 것입니다. 마침내 내가 말을 할 수 있게 되었을 때, 나는 그에게 물었죠.

"하지만… 너는 여기서 무얼 하고 있는 거니?"

Voilà le meilleur portrait que, plus tard, j'ai réussi à faire de lui.

이것이 훗날, 내가 그를 성공적으로 그린 것 중에서 가장 나은 초상화입니다.

sérieuse:

– S'il vous plaît… dessine-moi un mouton…

Quand le mystère est trop impressionnant, on n'ose pas désobéir. Aussi absurde que cela me semblât à mille milles de tous les endroits habités et en danger de mort, je sortis de ma poche une feuille de papier et un stylographe. Mais je me rappelai alors que j'avais surtout étudié la géographie, l'histoire, le calcul et la grammaire et je dis au **petit bonhomme** (avec un peu de mauvaise humeur) que je ne savais pas dessiner. Il me répondit:

–Ça ne fait rien. Dessine-moi un mouton.

Comme je n'avais jamais dessiné un mouton je refis, pour lui, l'un des deux seuls dessins dont j'étais capable. Celui du boa fermé. Et je fus stupéfait d'entendre le petit bonhomme me répondre:

– Non! Non! Je ne veux pas d'un éléphant dans un boa. Un boa c'est très dangereux, et un éléphant c'est très encombrant. Chez moi c'est tout petit. J'ai besoin d'un mouton. Dessine-moi un mouton.

그리고 그때 그는 내게, 매우 부드럽게, 아주 진지한 사항처럼 되풀이해서 말했습니다.

"부탁이에요… 내게 양 한 마리만 그려 줘요……."

불확실성이 너무 압도적이면, 사람들은 감히 따르지 않을 수 없게 됩니다. 사람들의 거주지로부터 수천 마일 떨어진 곳에서 죽음의 위험에 처한 내게 그것은 황당하게 여겨졌지만, 나는 주머니에서 종이 한 장과 만년필을 꺼냈습니다. 그러나 그때 내가 공부한 것은 무엇보다 지리, 역사, 수학, 그리고 문법이었다는 것이 떠올랐고 그 꼬마에게 (조금 언짢아진 기분으로) 나는 그리는 법을 알지 못한다고 말했죠. 그는 내게 대답했습니다.

"아무래도 상관없어요. 내게 양 한 마리만 그려 줘."

나는 결코 양을 그려 본 적이 없었으므로 그에게 내가 그릴 수 있었던 단지 두 개의 그림 가운데 하나를 그려 주었답니다. 그것은 보아뱀의 바깥이었죠. 그런데 나는 그 꼬마가 내게 대답한 것을 듣고 기겁하지 않을 수 없었습니다.

"아니! 아니! 나는 보아뱀 속 코끼리를 원한 게 아니야. 보아뱀은 너무 위험하고, 코끼리는 너무 거추장스러워. 내가 사는 곳은 모든 게 작아. 나는 양이 필요한 거야. 양 한 마리만 내게 그려 줘."

Alors j'ai dessiné.

Il regarda attentivement, puis:

– Non! Celui-là est déjà très malade. Fais-en un autre.

Je dessinai:

Mon ami sourit gentiment, avec indulgence:

– Tu vois bien… ce n'est pas un mouton, c'est un bélier. Il a des cornes…

그래서 나는 그렸습니다.

그는 주의 깊게 보고는, 그러고 나서,

"아니! 이 양은 이미 너무 병들었어. 다른 것을 그려 줘."

나는 그렸습니다.

내 친구는 너그러움과 함께, 귀엽게 웃었습니다.

"당신이 보기에도… 이건 양이 아니잖아, 이건 염소야. 뿔이 있잖아……."

Je refis donc encore mon dessin:

Mais il fut refusé, comme les précédents:

— Celui-là est trop vieux. Je veux un mouton qui vive longtemps.

Alors, faute de patience, comme j'avais hâte de commencer le démontage de mon moteur, je griffonnai ce dessin-ci.

Et je lançai:

— Ça c'est la caisse. Le mouton que tu veux est dedans.

Mais je fus bien surpris de voir s'illuminer le visage de mon jeune juge:

그래서 나는 또 그림을 다시 그렸습니다.

하지만 그것도 앞의 것들처럼 거절당했죠.

"이건 너무 늙었어. 나는 오랫동안 살 양 한 마리를 원해."

그래서, 인내심도 다했고, 서둘러 엔진 수리를 시작해야 했기에, 나는 이것을 이렇게 끄적거렸습니다.

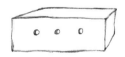

그러고는 툭 던졌죠.

"그건 궤짝이야. 네가 원하는 양은 안에 있어."

하지만 나는 환하게 빛나는 젊은 심판관을 보곤 깜짝 놀랐습니다.

– C'est tout à fait comme ça que je le voulais! Crois-tu qu'il faille beaucoup d'herbe à ce mouton?

– Pourquoi?

– Parce que chez moi c'est tout petit…

– Ça suffira sûrement. Je t'ai donné un tout petit mouton.

Il pencha la tête vers le dessin:

– Pas si petit que ça… Tiens! Il s'est endormi…

Et c'est ainsi que je fis la connaissance du petit prince.

"내가 원하던 게 바로 이거야! 당신은 이 양에게 많은 풀이 필요하다고 생각해?"

"왜?"

"내 별은 너무 작거든……."

"틀림없이 충분할걸. 나는 네게 매우 작은 양을 주었으니까."

그는 그 그림 위로 머리를 숙였습니다.

"그렇게 작지는 않은데… 봐! 그가 잠들었어……."

그렇게 해서 나는 어린 왕자를 알게 되었던 것입니다.

⋆ **Note** ⋆

불어는 2인칭 주어, tu의 변화를 통해 높임말을 구분합니다. tu 는 보통 '너'를 의미해서 서술어가 당연히 반말이 됩니다. 상대를 높여 부르려면 'vous'를 사용합니다. 우리말 '당신'쯤이 될 터인데, 그렇게 되면 이어지는 서술어는 존대가 되는 것입니다. 또한 똑같은 형태의 'vous'는 복수형 '여러분'을 의미하기도 합니다. 그런데 이제 작품을 읽으면 알게 되시겠지만 이 작품에서의 '여러분'은 '어린이들'을 가리킵니다. 생텍쥐페리는 맨 앞의 헌사에서 그것을 밝히고 시작하는 것입니다. 그런데 그는 아이들에게 존댓말을 합니다. 그 역시 작품을 보면 자연스럽게 이해하게 됩니다.

이런 점들을 염두에 두고 원문을 보십시오. 처음에 이런 말이 나옵니다.

Alors vous imaginez ma surprise,….
그러니 여러분은 내 놀라움을 상상할 수 있을 거예요,…… (이정서 역)

따라서 이번 장의 서술형 종결어미는 우리말로 존대가 되어야 할 터입니다.

그에 앞서 어린 왕자는 정말, 처음 비행기 조종사인 '나' 앞에 나타나 무턱대고 반말을 했을까요? 역시 내가 어릴 때부터 보아 온 모든 번역서가 그렇게 되어 있었습니다. 거기에서 '어린 왕자'가 너무 버릇없다는 '어른의 시각'이 만들어지기까지 하게 된 것일 테죠.

아무튼 그는 정말 처음부터 반말을 한 것일까요?

그게 아닙니다. 어린 왕자는 처음에 이렇게 말합니다.

–S'il vous plaît… dessine-moi un mouton!

이것이 존대라는 것을 어찌 알까요? 바로 S'il vous plaît에서 vous를 쓰고 있다는 점에서 명백히 구분되는 것입니다. 이게 그냥 반말이 되려면 S'il te plaît가 되어야 하는 것입니다. 따라서 우리말로 바르게 옮기면,

"부탁인데요… 내게 양 한 마리만 그려 줘요!" (이정서 역)

그런데 이것을 우리 역자들은 모두 이렇게 번역한 것입니다.

"저기…… 나 양 한 마리만 그려줘." (김★★ 역)
「저…… 양 한 마리만 그려줘!」 (황★★ 역)

과연 이 역자분들이 저 단순한 문법적 상식을 몰라서, 혹은 S'il vous plaît의 의미를 잘 몰라서 이런 번역을 한 것일까요? 절대 그럴 리가 없는 것입니다. 역자들은 작가가 저기서 S'il vous plaît를 쓴 이유를 온전히 이해하지 못했던 것일 터입니다.

번역이 단순히 외국어 실력의 문제가 아니라는 것을 확인시켜 주는 셈이기도 한데, 일단 역자들이, 너무나 일반적으로 쓰이는 말이기에 크게 주의를 기울이지 않았던 것이고, 뒤에 이어지는 어린 왕자의 말투와 일치시키려다 보니 저렇게 되어 버렸을 터입니다.

그런데 보다시피 이것이 아주 단순한 듯해도 실제로는 처음 〈어린 왕자〉를 접하는 독자들은 어린 왕자를 '버릇없는 아이' '애늙은이'로 이해하게 되는 것입니다. 당연히 작가의 의도와 180도 다르

48

거니와 이 책을 처음 접하는 '어린이들'에게도 전혀 도움이 되지 않는 것입니다.

아무튼 어린 왕자는 처음에는 저렇게 비행기 조종사인 '나'에게 'vous'를 쓰고는 곧 이어서 'tu'를 사용하기 시작합니다. 그런데 그것은 반말이라기보다는 친밀감의 표시인 것입니다. 우리가 어릴 때 엄마에게 하는 반말 같은 것이죠. 따라서 이 장에서의 tu는 형태상 반말이지만 보통의 반말은 아니라고 이해하면 마땅할 터입니다. 어린 왕자가 어른인 '나'를 가리키며 'tu'라고 하는 것은 그런 이유에서입니다.

실상 어린 왕자는 세상에 갓 얼굴을 내민 꽃에게는 처음에 vous를 씁니다. 오히려 꽃이 나이를 먹은 후에는 tu를 쓰게 되는데 그 역시 같은 이유에서입니다. 그건 그 장에 가서 자세히 살펴보도록 하겠습니다.

〈어린 왕자〉는 전적으로 아이의 시각을 존중해 쓰인 작품입니다. 우리의 번역은 그 기본부터 망쳐 놓고 반백년을 읽어 왔던 셈입니다.

III

Il me fallut longtemps pour comprendre d'où il venait. Le petit prince, qui me posait beaucoup de questions, ne semblait jamais entendre les miennes. Ce sont des mots prononcés par hasard qui, peu à peu, m'ont tout révélé. Ainsi, quand il aperçut pour la première fois mon avion (je ne dessinerai pas mon avion, c'est un dessin beaucoup trop compliqué pour moi) il me demanda:

– Qu'est-ce que c'est que cette chose-là?

– Ce n'est pas une chose. Ça vole. C'est un avion. C'est mon avion.

Et j'étais fier de lui apprendre que je volais. Alors il s'écria:

– Comment! tu es tombé du ciel?

– Oui, fis-je modestement.

– Ah! ça c'est drôle…

3

그가 어디서 왔는지를 알게 되기까지는 긴 시간이 걸렸다. 내게 그렇게 많은 질문을 했던 어린 왕자는 내가 묻는 것은 결코 들으려 하지 않는 것 같았다. 모든 것은 우연히 뱉어진 말들에 의해 아주 조금씩 내게 밝혀졌다. 예를 들면 그가 처음으로 내 비행기(내 비행기는 그리지 않겠다. 그것은 내게 너무 복잡하다)를 보고 물었다.

"이 물건은 뭐야?"

"이건 그냥 물건이 아냐. 날아다녀. 이건 비행기야. 내 비행기지."

그리고 나는 내가 날아다닌다는 것을 그에게 알려 줄 수 있어서 자랑스러웠다. 그러자 그가 소리쳤다.

"뭐라고! 당신이 하늘에서 떨어졌다고?"

"그래." 나는 대수롭지 않다는 듯 대답했다.

"와! 그거 재미있다……."

Et le petit prince eut un très joli éclat de rire qui m'irrita beaucoup. Je désire que l'on prenne mes malheurs au sérieux. Puis il ajouta:

— Alors, toi aussi tu viens du ciel! De quelle planète es-tu?

J'entrevis aussitôt une lueur, dans le mystère de sa présence, et j'interrogeai brusquement:

— Tu viens donc d'une autre planète?

Mais il ne me répondit pas. Il hochait la tête doucement tout en regardant mon avion:

— C'est vrai que, là-dessus, tu ne peux pas venir de bien loin…

Et il s'enfonça dans une rêverie qui dura longtemps. Puis, sortant mon mouton de sa poche, il se plongea dans la contemplation de son trésor.

Vous imaginez combien j'avais pu être intrigué par cette demi-confidence sur « les autres planètes ». Je m'efforçai donc d'en savoir plus long:

— D'où viens-tu, mon petit bonhomme? Où est-ce « chez toi »? Où veux-tu emporter mon mouton?

그리고 어린 왕자는 매우 멋진 웃음을 터뜨렸는데, 내게는 많이 거슬렀다. 나는 내 불행이 진지하게 여겨졌으면 했던 것이다. 그러고 나서 그가 덧붙였다.

"그러니까 당신도 하늘에서 왔다는 거네! 어느 별에서 온 거야?"

나는 그라는 존재의 신비로움에서 희미한 한 줄기 빛을 본 직후에, 갑작스럽게 질문을 했다.

"너는 그러니까 다른 별에서 왔다는 거니?"

그러나 그는 답하지 않았다. 그는 내 비행기를 보면서 천천히 고개를 끄덕였다.

"사실 저것으로, 당신은 아주 먼 곳으로부터 올 수는 없었을 텐데……."

그리고 그는 오랫동안 상념에 잠겨 있었다. 그러고는, 그의 주머니에서 내 양을 꺼내서는 그의 보물을 넋 놓고 감상했다.

여러분은 이 반쯤은 믿을 수 없는 '다른 별들'에 의해 불러일으켜진 내 호기심이 어떠했는지를 상상할 수 있을 것이다. 그래서 나는 더 많은 정보를 알아내기 위해 노력했다.

"내 꼬마 친구, 너는 어디에서 왔니? '네가 사는 곳'은 어디니? 내 양을 어디로 데려가려는 거니?"

Il me répondit après un silence méditatif:

– Ce qui est bien, avec la caisse que tu m'as donnée, c'est que, la nuit, ça lui servira de maison.

– Bien sûr. Et si tu es gentil, je te donnerai aussi une corde pour l'attacher pendant le jour. Et un piquet.

La proposition parut choquer le petit prince:

– L'attacher? Quelle drôle d'idée!

– Mais si tu ne l'attaches pas, il ira n'importe où, et il se perdra…

Et mon ami eut un nouvel éclat de rire:

– Mais où veux-tu qu'il aille!

– N'importe où. Droit devant lui…

Alors le petit prince remarqua gravement:

– Ça ne fait rien, c'est tellement petit, chez moi!

Et, avec un peu de mélancolie, peut-être, il ajouta:

– Droit devant soi on ne peut pas aller bien loin…

그는 깊은 생각에 빠져 침묵 끝에 대답했다.

"당신이 내게 준 상자가 매우 좋은 점은, 밤에 그것을 집으로 쓸 수 있다는 거야."

"물론이지. 네가 친절하다면, 온종일 그를 붙잡아 매 둘 줄도 줄 수 있어. 그리고 말뚝도."

그 제안은 어린 왕자에게 충격을 준 것 같았다.

"붙잡아 매 둔다고! 무슨 기괴한 생각이야!"

"그러나 만약 네가 그를 붙잡아 매 두지 않으면, 그는 어디로든 달아날 테고, 잃어버리게 될 텐데……."

그러자 나의 친구는 다른 의미의 웃음을 터뜨렸다.

"당신은 그가 어디로 갈 거라고 생각해!"

"어디든지. 앞으로 곧장……."

그때 어린 왕자가 심각하게 말했다.

"그건 문제가 안 돼. 내가 사는 곳은 아주 작거든!"

그리고, 아마도 조금 쓸쓸해졌는지 그는 덧붙였다.

"앞으로 곧장 간다 해도 그렇게 멀리 갈 수 없어……."

⋆ **Note** ⋆

3장은 어린 왕자가 다른 별에서 왔다는 것이 알려지는 장입니다. 사실은 보통 상식으로는 믿을 수 없는 것이지요. 그런데 이 좀 색다른 '어른'은 다른 보통 어른들과 달리 아주 조금씩 이해하게 되는 것입니다. 그러나 그 대화 역시 전혀 엉뚱하지 않은 자연스러운 대화 속에서 얻게 되는 것인데, 우리 번역서들은 곳곳에서 그것을 어른의 시각으로 의역하고 옮기는 바람에 원래의 의미를 약간씩 잃게 되는 것입니다.

예컨대, 어린 왕자와 대화를 나누다 보니, 그는 마치 자신이 지구에서 사는 게 아닌 것처럼 이야기하는 것입니다. 그것도 아주 자연스럽게. 보통 어른이면 그것이 자연스러울 리 없는 것입니다. '미친 애인가?' 하는 생각부터 들겠지요. 그러나 이 어른은 이렇게 묻습니다.

– Tu viens donc d'une autre planète?

정확히 직역하면 어찌 될까요?

56

"너는 그러니까donc 다른 별에서 왔다는 거니?" (이정서 역)

가 됩니다. 당연히 믿을 수 없어서 확인 차 되묻는 것입니다.
그런데 이것을 우리 역자들은 이렇게 번역했습니다.

"그럼 너는 어느 별에서 온 거니?" (김** 역)
「그럼 넌 다른 별에서 왔구나?」 (황** 역)

　누군가 다른 이와 대화를 나누는데, 그가 마치 외계에서 온 것
처럼 말하는데, 저렇게 태연하게 처음부터 너는 그럼 '어느 별에서
온 거니?'라고 묻는다거나, '넌 다른 별에서 왔구나?' 말할 수 있
는 사람은 아마 없을 것입니다. 지금 역자들은 이미 이 어린 왕자
가 다른 별에서 온 아이라는 것을 알고 있기에 저렇게 물을 수 있
는 것입니다. 당연히 작가가 쓴 저 문장 어디에도 '어디'에서 왔냐
고 묻는 의미의 단어는 없는 것입니다.
　이렇듯 '미스터리'를 풀어가듯 전개하는 이 문장들을 이미 내
용을 알고 있는 역자들이 임의로 의역함으로써 이후부터는 원래
의 긴장감을 잃게 되는 것입니다.
　기존의 번역들이 얼마나 역자 자신인 '어른'의 시각으로 재창조

되었는지는 다음 문장에서 극명히 드러나기도 합니다. 보아뱀 속 코끼리를 그렸던 이 '어른'은 어린 왕자에게 이렇게 말합니다.

– Bien sûr. Et si tu es gentil, je te donnerai aussi une corde pour l'attacher pendant le jour. Et un piquet.

"물론이지. 네가 친절하다면, 온종일 그를 붙잡아 매 둘 줄도 줄 수 있어. 그리고 말뚝도." (이정서 역)

이 독특한 어른은 그에게 네가 gentil하다면 줄과 말뚝도 그려 주겠다고 하는 것입니다. 여기서 이 어른은 왜 네가 'gentil'하다면 뭘 해주겠다고 한 걸까요? 저기서 gentil이 의미하는 바가 무엇일 까요?

그것은 자신이 비행기를 타고 하늘을 난 것에 대해 자랑하자 어린 왕자가 '하찮다는 듯'이 웃었기 때문인 것입니다. 사실 어린 왕자가 웃은 이유는, 조종사의 말대로라면, 어린 왕자가 생각하기에 그 '어른'도 자기처럼 다른 별에서 왔다는 이야기가 되기 때문에 '그게 재미있어서Ah! ça c'est drôle…' 웃었던 것인데 조종사인 내가 오해했던 것이고, 그런 말에 기분이 조금 상해 있다가 저렇게 받아

친 것입니다. 따라서 저것은 '친절하다'거나 '상냥하다' '신사답다' 라는 의미를 담고 있는 것입니다. 특별하고 순한 어른이 충분히 할 수 있는 말인 셈입니다. '네가 친절하다면' 혹은 '네가 상냥하다면' 혹은 저 어른에 걸맞게 '신사답게 굴면'.

그런데 저것을 기존 번역은 이렇게 번역하고 있는 것입니다.

"그렇고말고. 네가 착하게 굴기만 하면 낮에 양을 매어둘 고삐도 그려줄게. 그리고 말뚝도." (김** 역)

「물론이지. 그리고 네가 얌전히 굴면, 낮에 양을 매어 둘 수 있도 록 고삐도 하나 줄게. 말뚝도 줄게.」 (황** 역)

어떤가요? 어디서 많이 듣던 목소리들이 아닌가요? 바로 보통 어른들이 아이들에게 하는 말인 것입니다. 네가 말 잘 들으면 뭐 해줄게, 얌전하면, 착하게 굴면, 뭐, 뭐 해줄게… 하는.

단순한 듯해도 단어 하나의 의역이 이렇게 작품을 다르게 만들 수도 있는 것입니다.

IV

J'avais ainsi appris une seconde chose très importante: C'est que sa planète d'origine était à peine plus grande qu'une maison!

Ça ne pouvait pas m'étonner beaucoup. Je savais bien qu'en dehors des grosses planètes comme la Terre, Jupiter, Mars, Vénus, auxquelles on a donné des noms, il y en a des centaines

4

　나는 그렇게 해서 매우 중요한 두 번째 사실을 알게 되었습니다. 그의 고향 행성이 기껏해야 집 한 채 크기에 지나지 않는다는 사실 말입니다!

　그것이 내게는 크게 놀랄 일은 아니었습니다. 나는 지구나, 목성, 화성, 금성처럼 우리가 이름 붙인 큰 별들 외에, 또 다른 수백 개의 별들이 있다는 것을 알고 있었고, 그것들 가운데는

d'autres qui sont quelquefois si petites qu'on a beaucoup de mal à les apercevoir au télescope. Quand un astronome découvre l'une d'elles, il lui donne pour nom un zéro. Il l'appelle par exemple: « l'astéroïde 325. »

J'ai de sérieuses raisons de croire que la planète d'où venait le petit prince est l'astéroïde B612. Cet astéroïde n'a été aperçu qu'une fois au télescope, en 1909, par un astronome turc.

Il avait fait alors une grande démonstration de sa découverte à un Congrès International d'Astronomie. Mais personne ne l'avait cru à cause de son costume. Les grandes personnes sont comme ça.

때때로 너무 작아서 망원경으로도 보기 힘든 것이 있었기 때문입니다. 한 천문학자가 그 가운데 하나를 발견하게 되면, 그것에는 아무 의미 없는 이름을 부여합니다. 예를 들어 '소행성 325'라 부르는 것이죠.

나는 어린 왕자가 떠나온 별이 소행성 B612라고 믿을 만한 진지한 이유들을 가지고 있습니다. 이 소행성은 1909년, 터키 천문학자에 의해, 망원경으로 단 한 번 관측되었을 뿐입니다. 그는 그때 국제 천문 총회에서 그의 발견에 대해서 중대한 논증을 펼쳤습니다. 그러나 그의 복장 때문에 누구도 그의 말을 믿으려 하지 않았습니다. 어른들은 그렇답니다.

Heureusement pour la réputation de l'astéroïde B612 un dictateur turc imposa à son peuple, sous peine de mort, de s'habiller à l'Européenne. L'astronome refit sa démonstration en 1920, dans un habit très élégant. Et cette fois-ci tout le monde fut de son avis.

Si je vous ai raconté ces détails sur l'astéroïde B612 et si je vous ai confié son numéro, c'est à cause des grandes personnes. Les grandes personnes aiment les chiffres. Quand vous leur parlez d'un nouvel ami, elles ne vous questionnent jamais sur l'essentiel. Elles ne vous disent jamais: « Quel est le son de sa voix? Quels sont les jeux qu'il préfère? Est-ce qu'il collectionne les papillons? » Elles vous demandent: « Quel âge

　다행히도 소행성 B612의 명성을 위해, 그의 국민들에게는 사형제를 시행한, 터키의 한 독재자가, 유럽풍으로 옷을 입도록 했습니다. 그 천문학자는 1920년, 매우 우아한 차림으로 그의 논증을 다시 하게 되었습니다. 그리고 이번에는 모든 사람들이 그의 견해를 받아들였던 것입니다.

　이처럼 내가 여러분에게 그 소행성 B612에 관해 상세히 말하고 그것의 번호를 털어놓은 이유는 어른들 때문입니다. 어른들은 계산하기를 좋아합니다. 여러분이 그들에게 새로운 친구에 관해 말할 때, 그네들은 본질적 문제에 관해선 결코 묻지 않습니다. 그네들은 결코 이렇게 말하지 않는 것이죠. "그애 목소리 톤은 어떠니? 그애가 좋아하는 게임은 뭐니? 그애는 나비를 수집하니?" 그네들은 여러분에게 이렇게 물을 겁니다. "그애 나이

a-t-il? Combien a-t-il de frères? Combien pèse-t-il? Combien gagne son père? » Alors seulement elles croient le connaître. Si vous dites aux grandes personnes: « J'ai vu une belle maison en briques roses, avec des géraniums aux fenêtres et des colombes sur le toit... » elles ne parviennent pas à s'imaginer cette maison. Il faut leur dire: « J'ai vu une maison de cent mille francs. » Alors elles s'écrient: « Comme c'est joli! »

Ainsi, si vous leur dites: « La preuve que le petit prince a existé c'est qu'il était ravissant, qu'il riait, et qu'il voulait un mouton. Quand on veut un mouton, c'est la preuve qu'on existe » elles hausseront les épaules et vous traiteront d'enfant! Mais si vous leur dites: « La planète d'où il venait est l'astéroïde B612 » alors elles seront convaincues, et elles vous laisseront tranquille avec leurs questions. Elles sont comme ça. Il ne faut pas leur en vouloir. Les enfants doivent être très indulgents envers les grandes personnes.

Mais, bien sûr, nous qui comprenons la vie, nous nous moquons bien des numéros! J'aurais aimé commencer cette histoire à la façon des contes de fées. J'aurais aimé dire:

는 몇 살이니? 형제는 몇 명이니? 몸무게는 얼마니? 아버지 수입은 얼마나 되니?" 단지 그것만으로 그를 알았다고 믿는 것이죠. 만약 여러분이 그 어른들에게, "나는 장미넝쿨 담장이 있는 예쁜 집을 봤어. 창가에 제라늄 화분이 있고, 지붕에는 비둘기 집이 있는…"이라고 해도, 그네들은 그 집의 이미지를 떠올리지 못할 겁니다. 그들에게는 이렇게 말해야만 하죠. "나는 십만 프랑짜리 집을 봤어." 그때서야 그네들은 소리칠 거예요. "정말 멋지구나!"

그러니, 만약 여러분이 그네들에게, "어린 왕자가 존재했다는 증거는 그가 매혹적으로 웃었고 양 한 마리를 원했다는 거야. 누군가 양 한 마리를 원할 때면, 그것이 누군가 존재했다는 증거지."라고 한다면, 그네들은 자신들의 어깨를 으쓱해 보이고는 여러분을 어린애 취급할 거예요! 하지만 만약 그네들에게 "그가 떠나온 그 별이 소행성 B612야."라고 하면 그때는 납득하고, 여러분을 그들의 질문으로부터 혼자 있게 내버려 둘 거예요. 그네들은 그와 같아요. 그들을 원망해서는 안 돼요. 아이들은 어른들에게 정말 관대해야만 하는 거예요.

하지만, 물론, 삶을 이해하는 우리는, 계산 같은 것들을 우습게 여겨야 해요! 나는 이 이야기를 동화처럼 시작하는 게 좋았

« Il était une fois un petit prince qui habitait une planète à peine plus grande que lui, et qui avait besoin d'un ami... »
Pour ceux qui comprennent la vie, ça aurait eu l'air beaucoup plus vrai.

Car je n'aime pas qu'on lise mon livre à la légère. J'éprouve tant de chagrin à raconter ces souvenirs. Il y a six ans déjà que mon ami s'en est allé avec son mouton. Si j'essaie ici de le décrire, c'est afin de ne pas l'oublier. C'est triste d'oublier un ami. Tout le monde n'a pas eu un ami. Et je puis devenir comme les grandes personnes qui ne s'intéressent plus qu'aux chiffres. C'est donc pour ça encore que j'ai acheté une boîte de couleurs et des crayons. C'est dur de se remettre au dessin, à mon âge, quand on n'a jamais fait d'autres tentatives que celle d'un boa fermé et celle d'un boa ouvert, à l'âge de six ans! J'essaierai, bien sûr, de faire des portraits le plus ressemblants possible. Mais je ne suis pas tout à fait certain de réussir. Un dessin va, et l'autre ne ressemble plus. Je me trompe un peu aussi sur la taille. Ici le petit prince est trop grand. Là il est trop petit. J'hésite aussi sur la couleur de son costume. Alors je tâtonne

을지 모르겠어요. 이처럼 말하는 게 좋았을 거란 거죠.

　"옛날 옛적에 자신보다 조금 더 큰 것에 불과한 어느 별에 살면서, 친구가 필요했던 어린 왕자가 있었습니다…" 삶을 이해하는 이들에게는 그것이 훨씬 더 사실적으로 여겨졌을 테죠.

　왜냐하면 나는 누군가 내 책을 가볍게 읽는 걸 좋아하지 않기 때문이에요. 이 기억들을 말하는 데 나는 너무 큰 슬픔을 겪었죠. 내 친구가 그의 양과 함께 떠난 지도 벌써 6년이 흘렀네요. 내가 이것을 여기에 묘사하려 애쓰는 것은 그것을 잊지 않기 위해서예요. 친구를 잊는다는 것은 슬픈 일이죠. 모든 사람들이 친구를 가지고 있는 것도 아니랍니다. 그리고 나 또한 계산하는 것 말고는 흥미를 느끼지 못하는 어른처럼 되어 버린 것인지도 모르죠. 그것이 심지어 나로 하여금 화구 상자와 연필을 사게 한 것이고 말입니다. 보아뱀의 안쪽과 바깥쪽을 그렸던 여섯 살 이후 결코 어떠한 시도도 해본 적 없는 내가, 이 나이에, 다시 그림으로 돌아가야 한다니! 나는, 물론, 가능한 실물과 닮게 그리기 위해 노력할 것입니다. 하지만 내가 성공할 거라고 확신할 수는 없습니다. 그림 하나는 괜찮은데, 다른 것은 더 이상 닮지 않았을 수도 있겠죠. 나는 크기에서도 얼마간 실수를 저지를 수 있습니다. 여기서 어린 왕자는 너무 크고. 저

comme ci et comme ça, tant bien que mal. Je me tromperai

enfin sur certains détails plus importants. Mais ça, il faudra me

le pardonner. Mon ami ne donnait jamais d'explications. Il me

croyait peut-être semblable à lui. Mais moi, malheureusement,

je ne sais pas voir les moutons à travers les caisses. Je suis

peut-être un peu comme les grandes personnes. J'ai dû vieillir.

기서는 너무 작고. 나는 그의 옷 색깔에 대해서도 망설여집니다. 그래서 나는 이렇게 저렇게 여러모로 모색해 보는 것입니다. 나는 마지막으로 가장 중요한 디테일에서 실수할 수도 있습니다. 하지만 그렇더라도, 나를 용서해 주길 바랍니다. 내 친구는 결코 설명해 주지 않았거든요. 그는 아마 나를 자기처럼 생각했던 것 같습니다. 하지만 나는, 불행히도, 그 상자 속의 양을 보지 못했습니다. 아마 내가 좀더 어른 같아서였을 테죠. 나는 늙었던 것 같습니다.

Le petit prince sur l'astéroïde B612

소행성 B612에 서 있는 어린 왕자

⋅ **Note** ⋅

앞서 불어의 존칭에 대해서는 설명 드렸습니다. 그렇다면 과연 이 4장은 작가가 어떤 의도로 기술한 것일까요? 이 4장 역시 저는 앞의 헌사처럼 '어린이 여러분'들에게 높임말로 보충 설명을 하고 있는 것이라고 여겨집니다. 이 장 역시 처음부터 불어의 존칭을 의미하는 vous를 일관되게 유지하고 있기 때문입니다.

따라서 첫 문장에는 비록 vous라는 말이 직접적으로 나오고 있지 않지만 높임말로 시작하는 것이 마땅하다고 생각합니다.

첫 문장은 이렇게 시작합니다.

J'avais ainsi appris une seconde chose très importante: C'est que sa planète d'origine était à peine plus grande qu'une maison!

나는 그렇게 해서 매우 중요한 두 번째 사실을 알게 되었습니다. 그의 고향 행성이 기껏해야 집 한 채 크기에 지나지 않는다는 사실 말입니다! (이정서 역)

그래야 다음에 나오는

Les grandes personnes sont comme ça.

어른들은 그렇답니다. (이정서 역)

Si je vous ai raconté ces détails sur l'astéroïde B612 et si je vous ai confié son numéro, c'est à cause des grandes personnes.

이처럼 내가 여러분에게 그 소행성 B612에 관해 상세히 말하고 그것의 번호를 털어놓은 이유는 어른들 때문입니다. (이정서 역)

가 자연스러워지기 때문입니다.

이것을 기존 번역서는 이렇게 하고 있었던 것입니다.

내가 B612호 소행성에 대해서 여러분에게 이토록 자세히 이야기 하고 그 번호까지 일러주게 된 것은 어른들 때문이다. (김** 역)

또한 이 속에는 이런 문장이 나옵니다.

Quand un astronome découvre l'une d'elles, il lui donne pour nom un zéro. Il l'appelle par exemple: « l'astéroïde 325. »

이 문장이 의미하는 바가 무엇일까요? 또한 문장 속 zéro가 뜻하는 바가 무얼까요? 기존 번역서들은 이렇게 번역하고 있습니다.

천문학자가 이런 별을 하나 발견하면 이름 대신 번호를 붙여준다. 예를 들어 〈소행성325〉라고 부른다. (황** 역)

과연 이게 맞는 번역일까요? 보다시피 역자는 zéro를 '번호'라고 하고 있습니다. 제로에 '번호'라는 의미가 있나요? 그럼 아마 사전을 다시 써야 할 터이지요. 그렇지 않을까요? 더군다나 이 장에서만도 '번호'라는 의미의 numéro는 여러 번 쓰이고 있습니다. 여기서 zéro는 단순하고 보편적인 의미인 '없음'의 의미입니다. 별다른 의미가 없다는 뜻입니다. 작가는 이 문장을 통해 중요한 건, 별이라는 그 본질이지, 그것에 붙여진 표면적인 이름이 아니라는 말을 하고 있는 것입니다. 아이들에게 숫자는 중요하지 않은 거라는 걸 다시 한번 확인시켜 주는 것입니다. 물론 어른들은 그렇게 숫자가 붙어야 중요한 줄 안다고 에둘러 비꼬기 위해 쓴 문장인 것입니다.

그걸 이해 못한 역자들은, 역시, 자신들, 곧 그 '어른'의 시각으로 번역을 하려다 보니 이해도 되지 않고 말이 이어지지 않아 저렇게 비슷한 의미를 끌어다 의역을 하게 되었을 터입니다.

저 하나의 의미 변화도 사실은 이 작품 전체를 망가뜨리고 있는 것이기도 합니다. 이러한 번역이 작품을 얼마나 엉뚱하게 만드는지는 한 문장만 비교해 보아도 충분합니다. 작가는 '숫자'를 좋아하는 어른들의 사례를 열거하고는 이렇게 말합니다.

Mais, bien sûr, nous qui comprenons la vie, nous nous moquons bien des numéros!
하지만, 물론, 삶을 이해하는 우리는, 계산 같은 것들을 우습게 여겨야 해요! (이정서 역)

여기서 우리는 '어린이들'을 가리킵니다. 오히려 삶을 이해하는 것은 '어린이 여러분'이라고 말하고 있는 것입니다. 그러면서 계산이나 숫자 같은 것에 연연하지 말라는 것이지요.

이것을 기존 번역서는 이렇게 번역하고 있는 것입니다.

그러나 인생이 뭔지를 알 만큼 아는 우리에겐 물론 소행성의 번호 같은 건 알 바 아니다! (김** 역)

V

Chaque jour j'apprenais quelque chose sur la planète, sur le départ, sur le voyage. Ça venait tout doucement, au hasard des réflexions. C'est ainsi que, le troisième jour, je connus le drame des baobabs.

Cette fois-ci encore ce fut grâce au mouton, car brusquement le petit prince m'interrogea, comme pris d'un doute grave:

– C'est bien vrai, n'est-ce pas, que les moutons mangent les arbustes?

– Oui. C'est vrai.

– Ah! Je suis content.

Je ne compris pas pourquoi il était si important que les moutons mangeassent les arbustes. Mais le petit prince ajouta:

– Par conséquent ils mangent aussi les baobabs?

Je fis remarquer au petit prince que les baobabs ne sont pas

5

매일 나는 별과, 출발과, 여행에 대해 조금씩 알게 되었다. 그것은 매우 천천히, 생각하는 중에 우연히 다가온 것이었다. 그렇게 해서 3일째 되는 날, 나는 바오바브나무의 참극을 알게 되었다.

이번에도 다시 양 덕택이었는데, 갑자기 어린 왕자가 중대한 의혹처럼 내게 물어왔기 때문이다.

"그건 사실이겠지, 그렇지 않아? 양이 떨기나무들을 먹는다는 것 말이야?"

"그럼, 그건 사실이지."

"아! 기뻐라!"

나는 양이 떨기나무들을 먹는다는 것이 왜 그렇게 중요한 것인지 이해할 수 없었다. 그러나 어린 왕자는 덧붙였다.

"그렇다면 그들은 바오바브나무도 먹겠지?"

나는 어린 왕자에게 바오바브나무는 떨기나무도 아니지만,

des arbustes, mais des arbres grands comme des églises et que, si même il emportait avec lui tout un troupeau d'éléphants, ce troupeau ne viendrait pas à bout d'un seul baobab.

L'idée du troupeau d'éléphants fit rire le petit prince:

– Il faudrait les mettre les uns sur les autres…

Mais il remarqua avec sagesse:

– Les baobabs, avant de grandir, ça commence par être petit.

– C'est exact! Mais pourquoi veux-tu que tes moutons mangent les petits baobabs?

Il me répondit: « Ben! Voyons! » comme s'il s'agissait là d'une évidence. Et il me fallut un grand effort d'intelligence

성당처럼 큰 나무여서, 코끼리떼를 데리고 가도, 그 떼들이 바오바브나무 한 그루를 해치우지도 못할 거라고 지적했다.

코끼리떼라는 착상이 어린 왕자를 웃게 만들었다.

"그럼 그걸 차곡차곡 쌓아 두어야만 되겠네……."

하지만 그는 사려 깊게 지적했다.

"바오바브나무도, 크게 자라기 전에는, 작게 시작하잖아."

"그렇구나! 그런데 너는 왜 양이 작은 바오바브나무를 먹길 원하니?"

그는 내게 너무나 자명한 이치라는 듯이 대답했다. "아이참! 생각해 봐!" 나는 어쩔 수 없이 혼자서 이 문제를 풀기 위해 온

pour comprendre à moi seul ce problème.

Et en effet, sur la planète du petit prince, il y avait comme sur toutes les planètes, de bonnes herbes et de mauvaises herbes. Par conséquent de bonnes graines de bonnes herbes et de mauvaises graines de mauvaises herbes. Mais les graines sont invisibles. Elles dorment dans le secret de la terre jusqu'à ce qu'il prenne fantaisie à l'une d'elles de se réveiller. Alors elle s'étire, et pousse d'abord timidement vers le soleil une ravissante petite brindille inoffensive. S'il s'agit d'une brindille de radis ou de rosier, on peut la laisser pousser comme elle veut. Mais s'il s'agit d'une mauvaise plante, il faut arracher la plante aussitôt, dès qu'on a su la reconnaître. Or il y avait des graines terribles sur la planète du petit prince... c'étaient les graines de baobabs. Le sol de la planète en était infesté. Or un baobab, si l'on s'y prend trop tard, on ne peut jamais plus s'en débarrasser. Il encombre toute la planète. Il la perfore de ses racines. Et si la planète est trop petite, et si les baobabs sont trop nombreux, ils la font éclater.

« C'est une question de discipline, me disait plus tard le

통 머리를 짜내야 했다.

그리고 실제로, 어린 왕자의 별에는, 다른 모든 별에 있는 것처럼, 좋은 풀들과 나쁜 풀들이 있었다. 따라서, 좋은 풀들로부터 좋은 씨앗을, 나쁜 풀들로부터 나쁜 씨앗이 생겼다. 하지만 씨앗들은 보이지 않는다. 그들은 깨어나려는 욕망에 사로잡히기 전까지 땅속에서 비밀스럽게 잠을 잔다. 그러고 나서 기지개를 켜고, 태양을 향해 처음에는 소심하게, 아무런 해를 끼치지 않는 매혹적인 어린싹을 내미는 것이다. 만약 그것이 무의 싹이거나 장미나무의 어린싹이라면, 그것이 원하는 대로 자라도록 할 수 있을 것이다. 그러나 그것이 나쁜 식물의 싹이라면, 그것을 알아차리자마자, 즉시 뿌리째 뽑아 버려야 하는 것이다. 또한 어린 왕자의 별에는 끔찍한 씨앗들이 있는데… 그것은 바오바브나무 씨앗들이었다. 그 별의 토양은 황폐해졌다. 또한 바오바브나무는, 만약 우리가 너무 늦게 처리하면 결코 제거할 수 없게 된다. 별 전체가 엉망이 된다. 그것은 자신의 뿌리로 구멍을 낸다. 그리하여 만약 별이 너무 작고, 바오바브나무가 너무 많다면, 별은 산산조각이 나는 것이다.

"그건 규율의 문제거든." 어린 왕자는 후에 내게 덧붙여 말

petit prince. Quand on a terminé sa toilette du matin, il faut

faire soigneusement la toilette de la planète. Il faut s'astreindre

régulièrement à arracher les baobabs dès qu'on les distingue

d'avec les rosiers auxquels ils ressemblent beaucoup quand ils

sont très jeunes. C'est un travail très ennuyeux, mais très facile. »

Et un jour il me conseilla de m'appliquer à réussir un beau

dessin, pour bien faire entrer ça dans la tête des enfants de

했다. "아침을 맞을 단장을 끝마치고 나면, 별도 주의 깊게 단장을 해주어야만 하는 거야. 바오바브나무는 너무 어릴 때는 장미나무와 비슷하기 때문에, 차이가 나는 순간부터 규칙적으로 뿌리째 뽑아 주어야만 하는 거야. 그건 정말 번거로운 일이지만, 무척 쉬운 일이기도 해."

그리고 하루는 내게 아름다운 그림 한 장을 그려서, 우리 집 아이들의 머리에 인식될 수 있도록 하라고 조언했다. "만약

chez moi. « S'ils voyagent un jour, me disait-il, ça pourra leur servir. Il est quelquefois sans inconvénient de remettre à plus tard son travail. Mais, s'il s'agit des baobabs, c'est toujours une catastrophe. J'ai connu une planète, habitée par un paresseux. Il avait négligé trois arbustes… ».

Et, sur les indications du petit prince, j'ai dessiné cette planète-là. Je n'aime guère prendre le ton d'un moraliste. Mais le danger des baobabs est si peu connu, et les risques courus par celui qui s'égarerait dans un astéroïde sont si considérables, que, pour une fois, je fais exception à ma réserve. Je dis: « Enfants! Faites attention aux baobabs! » C'est pour avertir mes amis d'un danger qu'ils frôlaient depuis longtemps, comme moi-même, sans le connaître, que j'ai tant travaillé ce dessin-là. La leçon que je donnais en valait la peine. Vous vous demanderez peut-être: Pourquoi n'y a-t-il pas, dans ce livre, d'autres dessins aussi grandioses que le dessin des baobabs? La réponse est bien simple: J'ai essayé mais je n'ai pas pu réussir. Quand j'ai dessiné les baobabs j'ai été animé par le sentiment de l'urgence.

그들이 어느 날 여행을 한다면," 그가 말했다. "그게 그들에게 도움을 줄 거야. 가끔은 자신이 할 일을 더 미루더라도 위험이 없을 때도 있어. 하지만, 바오바브나무의 경우에는, 그건 언제나 참사로 이어지는 거야. 나는 게으른 남자가 사는 별 하나를 알아. 그는 떨기나무 세 개를 소홀히 했었어……."

그리하여, 어린 왕자의 지시에 따라, 나는 그 별을 그렸다. 나는 도덕주의자인 양 하는 것을 거의 좋아하지 않는다. 그러나 바오바브나무의 위험성이 거의 알려지지 않았고, 길을 잃고 소행성에 들어가게 된다면 상당한 위험성이 있기에, 이번 한 번만은, 내 판단을 예외로 한다. 나는 말한다. "어린이들이여! 바오바브나무를 조심하라!" 내가 이 그림에 그토록 힘을 들인 것은, 오래전부터 나처럼, 멋모르고 지나쳤던 그 위험을 내 친구들에게 알려 주기 위해서이다. 내게 주어진 그 권고는 그만큼 수고할 가치가 있었다. 당신은 어쩌면 물을 것이다. 왜 이 책 속에는, 바오바브나무처럼 거창한 그림은 없는 건가요? 대답은 아주 단순하다. 나는 애를 썼지만 성공할 수 없었다. 바오바브나무를 그릴 때 나는 긴급한 마음에 고무되어 있었던 것이다.

Les baobabs

바오바브나무

◆ Note ◆

실제로 어른들도 아이들에게 많이 배웁니다. 아니 어쩌면 어른들은 항상 자신들이 가르친다고 생각하고 있지만 실제로는 은연중에 아이들로부터 더 많이 배우고 있는 것인지도 모릅니다. 단지 그걸 이해하지 못하거나 인정하고 싶지 않은 것일 뿐… 이번 장은 그와 같은 교훈을 적나라하게 보여 줍니다.

한 대목만 살펴보겠습니다.

Je fis remarquer au petit prince que les baobabs ne sont pas des arbustes, mais des arbres grands comme des églises et que, si même il emportait avec lui tout un troupeau d'éléphants, ce troupeau ne viendrait pas à bout d'un seul baobab.

L'idée du troupeau d'éléphants fit rire le petit prince:

– Il faudrait les mettre les uns sur les autres…

Mais il remarqua avec sagesse:

– Les baobabs, avant de grandir, ça commence par être petit.

– C'est exact! Mais pourquoi veux-tu que tes moutons mangent les petits baobabs?

Il me répondit: « Ben! Voyons! » comme s'il s'agissait là d'une

évidence. Et il me fallut un grand effort d'intelligence pour

comprendre à moi seul ce problème.

직역하면 이런 이야기입니다.

나는 어린 왕자에게 바오바브나무는 떨기나무도 아니지만, 성당

처럼 큰 나무여서, 코끼리떼를 데리고 가도, 그 떼들이 바오바브

나무 한 그루를 해치우지도 못할 거라고 지적했다.

코끼리떼라는 착상이 어린 왕자를 웃게 만들었다.

"그럼 그걸 차곡차곡 쌓아 두어야만 되겠네……."

하지만 그는 사려 깊게 지적했다.

"바오바브나무도, 크게 자라기 전에는, 작게 시작하잖아."

"그렇구나! 그런데 너는 왜 양이 작은 바오바브나무를 먹길 원하

니?"

그는 내게 너무나 자명한 이치라는 듯이 대답했다. "아이참! 생

각해 봐!" 나는 어쩔 수 없이 혼자서 이 문제를 풀기 위해 온통

머리를 짜내야 했다. (이정서 역)

어린 왕자가 양이 떨기나무(소관목)를 먹는지 묻고, 먹는다고 대답하자, 그럼 바오바브나무의 작은 관목도 먹겠다며 좋아라 하자, 어른인 나는 아이인 '어린 왕자'가 바오바브나무에 대해 잘 모른다고 생각하고 그 나무가 얼마나 큰지를 설명해 주는 대목입니다.

설명을 듣고 어린 왕자는 웃습니다. 그러곤, 자신이 그런 말을 한 것은 몰라서가 아니라, 그렇게 거대한 바오바브나무도 사실은 작은 떨기나무로 시작하는 것 아니겠느냐고 오히려 일깨워 주는 것입니다. 바로 '어른도 원래는 작은 아이였다'는 이 작품의 주제를 다시 한번 언급한 셈이기도 합니다. 아무튼 그러자 이 어른은 보통 어른과 달라서 금방 자신이 아이에게 한 수 배운 것에 대해 인정하고 들어가는 것입니다. 'C'est exact!(그렇구나!)' 하고.

실상 어른의 입장에서 이렇게 인정하는 것도 쉬운 일은 아닙니다. 그럼에도 여섯 살 때 보아뱀 속 코끼리를 그릴 만큼 특별했기에 이 어른은 그나마 '아이'로 대표되는 이 어린 왕자와 대화가 가능했다는 것을 보여 주고자 작가는 이런 장을 마련한 것입니다. 말이 통해야 대화는 이어지는 것이니까요. 그는 '아이'에게 자신이 한 수 배웠다는 것을 바로 인정하고 묻게 되는 것입니다.

– C'est exact! Mais pourquoi veux-tu que tes moutons mangent les petits baobabs?

"그렇구나! 하지만 너는 왜 양이 작은 바오바브나무를 먹길 원하니?"

그러자 어린 왕자는 어떻게 그런 것도 모르냐며, 《Ben! Voyons!》 하는 것입니다. "아이참, 생각해 봐!"

거듭 어른을 가르치고 있는 것이지요.

어른인 나는 그러고 나서 혼자 아무리 생각해 봐도 알 수 없었고, 그 답은 아이로부터 듣게 되어 알게 된다는 게 이 장의 이야기입니다.

그런데 이 같은 내용이 기존 번역서는 어떻게 왜곡되어 있을까요?

기존 번역들이 얼마나 작가의 의도와 동떨어지게 쓰여 있는지를 확인하는 것은 단 한 줄만 끌어와 봐도 알 수 있습니다.

"커다란 바오밥나무도 자라기 전엔 조그맣게 돋아나지?"

"그렇긴 하지. 하지만 왜 양이 작은 바오밥나무를 먹겠어?"

(김** 역)

「바오바브나무도 크기 전에는 작은 데서부터 시작해요.」

「옳은 말이야! 그런데 어린 양이 왜 어린 바오바브나무를 먹어야

하지?」 (황★★ 역)

과연 이게 대화일까요? 자신이 아이로부터 배웠음에도 전혀 인

정할 수 없고, 인정하기도 싫은 전형적인 어른의 모습. 무조건 어

른인 자신들이 옳고, 이미 다 알고 있었다는 듯한 태도, 그리고 다

시 모르면서도 가르치려는 듯한 완고한 고집. 바로 우리 주변에서

흔히 보는 보통 어른들의 모습인 것입니다.

역자 자신들이 그러한 어른의 시각으로 이 작품을 대하다 보니

당연히 저러한 번역이 되어 버린 것일 테지요.

영어 번역 역시 다르지 않습니다.

"Before they grow so big, the baobabs start out by being little."

"That is strictly correct," I said. "But why do you want the

sheep to eat the little baobabs?" (캐서린 우즈 역)

불어 C'est exact!는 번역한 대로 '옳다!' '맞다!' 같은 앞의 말을

인정하는 감탄사입니다. 영어로 하자면 "That's right!"인 셈입니다.

그런데 영역자 역시 이 장의 의미를 전혀 이해하지 못하고 저렇듯 어른의 목소리로 설명하듯 하고 있는 것입니다. 우리 번역서들처럼.

실상 번역에 있어서의 오역 문제는 이렇듯 우리만의 문제는 아닙니다. 더군다나 영어 번역은 우리 번역보다 훨씬 더 의역이 심합니다.

기본적으로 영어에는 존대가 없기 때문입니다. 반드시 존대를 표기해야 하는 경우에 영어 번역으로는 그에 마땅한 단어를 임의로 끌어와 의역을 할 수밖에 없게 되는 것입니다.

그 역시 차츰 확인하게 될 것입니다.

번역이 잘못되면 사실은 원래의 교훈이나 감동은 사라지고 없는 것입니다. 그 흔적만 남게 되는 것일 뿐.

VI

Ah! petit prince, j'ai compris,

peu à peu, ainsi, ta petite vie mélancolique.

Tu n'avais eu longtemps pour distraction que la

douceur des **couchers de soleil**. J'ai appris ce détail

nouveau, le quatrième jour au matin, quand tu m'as

dit:

– J'aime bien les couchers de soleil. Allons

voir un **coucher de soleil…**

– Mais il faut attendre…

6

아! 어린 왕자여, 나는 그렇게
네 쓸쓸한 작은 삶을 점차 이해하게 되었다.
네게는 오랜 시간 해 지는 석양의 부드러움 말고는
기분 전환 삼을 것이 없었을 테다. 나는 이 새로운 사
실을 네가 내게 말했던, 넷째 날 아침에야 알게 되었다.

"나는 해 지는 석양이 좋아. 해 지는 석양을 보러
가."

"하지만 그건 기다려야 하는데……."

– Attendre quoi?

– Attendre que le soleil se **couche**.

Tu as eu l'air très surpris d'abord, et puis tu as ri de toi-même. Et tu m'as dit:

– Je me crois toujours chez moi!

En effet. Quand il est midi aux États-Unis, le soleil, tout le monde le sait, se couche sur la France. Il suffirait de pouvoir aller en France en une minute pour assister au **coucher de soleil**. Malheureusement la France est bien trop éloignée. Mais, sur ta si petite planète, il te suffisait de tirer ta chaise de quelques pas. Et tu regardais le **crépuscule** chaque fois que tu le désirais…

– Un jour, j'ai vu **le soleil se coucher** quarante-quatre fois!

Et un peu plus tard tu ajoutais:

– Tu sais… quand on est tellement triste on aime les couchers de soleil…

– Le jour des quarante-trois fois tu étais donc tellement triste?

Mais le petit prince ne répondit pas.

"무얼 기다려?"

"해가 질 때까지 기다려야 해."

너는 처음에 무척 놀란 것 같더니, 혼자 웃었다. 그러곤 내게 말했다.

"난 여전히 내가 우리 집에 있는 줄 알았어!"

사실이었다. 미국이 정오일 때, 해는, 세상이 다 알고 있듯, 프랑스에서는 저문다. 일 분 안에 프랑스로 갈 수 있다면 해 지는 석양을 보는 게 충분히 가능했을 테다. 불행히도 프랑스는 너무 멀리 떨어져 있었다. 하지만 네 그 작은 별에서, 너는 네 작은 의자를 조금만 옮기는 것으로도 충분했을 테다. 그래서 너는 네가 원할 때면 언제든 석양을 보았던 것이고.

"어느 날은 해가 저무는 걸 마흔네 번이나 봤어!"

그리고 조금 후에 너는 덧붙였다.

"있잖아… 너무 슬플 때는 누구라도 해 지는 석양이 좋아져……"

"마흔네 번 그걸 보던 그날 그러니까 너는 너무 슬펐던 거니?"

하지만 어린 왕자는 대답하지 않았다.

✦ Note ✦

의역에 익숙한 우리는 번역에서 대명사를 만나면 그것을 꼭 풀어 써야 하는 것으로 오해하는 경우도 많습니다. 그러나 작가가 그렇게 대명사로 대신한 데는 그만한 이유가 반드시 있는 것입니다. 작가의 문체를 위해서도 그러하거니와 오역을 막기 위해서도 대명사는 반드시 대명사로 받아 주어야 실수할 가능성이 줄어들 터입니다.

– Tu sais… quand on est tellement triste on aime les couchers de soleil…

"있잖아… 너무 슬플 때는 누구라도 해 지는 석양이 좋아져……."

여기에서의 Tu는 군이 인칭대명사의 용례로 보기도 힘들지만, 한 역자는 아예 이렇게 의역하고 있는 것을 볼 수 있었습니다.

「아저씨도 알 거야……. 그렇게도 슬플 때는 누구나 해가 저무는

게 보고 싶지.」 (황★★ 역)

이 작품 어디에도 '나'를 가리키는 용어로 '아저씨(oncle, monsieur)'라는 말은 나오지 않는데, 이 역자는 작품 곳곳에서 아저씨라는 호칭을 사용합니다. 설사 '내'가 아저씨라고 해도 작가가 그렇게 쓴 바가 없다는 점에서 그건 역자의 과도한 개입인 셈입니다.

또 다른 역자는 이렇게 번역했습니다.

"그런데…… 몹시 슬플 적엔 해 지는 게 좋아져……" (김★★ 역)

Tu sais를 접속사로 본 것인데, 그건 양쪽의 주어가 같을 때 가능한 것입니다. 더군다나 지금 역자는 이 문장의 주어인 일반 명사 on을 마치 '나'로 보이게 번역하기까지 한 것입니다.

영어는 이렇게 되어 있습니다.

"You know—one loves the sunset, when one is so sad…" (캐서린 우즈 역)

VII

Le cinquième jour, toujours grâce au mouton, ce secret de la vie du petit prince me fut révélé. Il me demanda avec brusquerie, sans préambule, comme le fruit d'un problème longtemps médité en silence:

— Un mouton, s'il mange les arbustes, il mange aussi les fleurs?

— Un mouton mange tout ce qu'il rencontre.

— Même les fleurs qui ont des épines?

— Oui. Même les fleurs qui ont des épines.

— Alors les épines, à quoi servent-elles?

Je ne le savais pas. J'étais alors très occupé à essayer de dévisser un boulon trop serré de mon moteur. J'étais très soucieux car ma panne commençait de m'apparaître comme très grave, et l'eau à boire qui s'épuisait me faisait craindre le pire.

7

다섯째 날, 언제나 그렇듯 양 덕택에, 어린 왕자 삶의 그 비밀이 내게 들추어졌다. 그는 아무런 전조도 없이, 침묵 속에서 오랜 시간 심사숙고한 문제의 성과인 것처럼 갑작스럽게 물었다.

"양이 만일 떨기나무를 먹는다면, 꽃 또한 먹지 않을까?"

"양은 눈에 띄는 어떤 것이든 먹지."

"가시 있는 꽃까지도?"

"그래, 가시 있는 꽃이라 해도."

"그러면 가시는, 그것들은 무슨 쓸모가 있어?"

나는 알지 못했다. 그때 나는 엔진에 조여 있는 볼트를 풀기 위해 매우 바빴다. 나는 고장이 매우 심각하다는 것이 드러나기 시작하면서 마실 물이 동나는 최악의 상황을 우려하고 있었다.

– Les épines, à quoi servent-elles?

Le petit prince ne renonçait jamais à une question, une fois qu'il l'avait posée. J'étais irrité par mon boulon et je répondis n'importe quoi:

– Les épines, ça ne sert à rien, c'est de la pure méchanceté de la part des fleurs!

– Oh!

Mais après un silence il me lança, avec une sorte de rancune:

– Je ne te crois pas! Les fleurs sont faibles. Elles sont naïves. Elles se rassurent comme elles peuvent. Elles se croient terribles avec leurs épines…

Je ne répondis rien. À cet instant-là je me disais: «Si ce boulon résiste encore, je le ferai sauter d'un coup de marteau.» Le petit prince dérangea de nouveau mes réflexions:

– Et tu crois, toi, que les fleurs…

– Mais non! Mais non! Je ne crois rien! J'ai répondu n'importe quoi. Je m'occupe, moi, de choses sérieuses!

Il me regarda stupéfait.

"가시는, 그것들은 무슨 쓸모가 있어?"

어린 왕자는 한번 물은 질문은 결코 포기하는 법이 없었다. 나는 볼트 때문에 분개하고 있어서 되는대로 대답했다.

"가시는, 쓸모없는 거야. 꽃들이 괜히 심술부리는 거야!"

"아!"

그러나 잠시 침묵 후에 그는 적개심 같은 것을 가지고 내게 소리를 질렀다.

"나는 당신을 믿을 수 없어! 꽃은 약한 생물이야. 그네들은 순진해. 그네들은 할 수 있는 최선을 다해 자신들을 안심시키는 거라고. 그네들은 자신들의 가시가 무시무시한 거라고 믿고 있는 거라고……."

나는 대답하지 않았다. 그 순간 나는 생각했다. '만약 이 볼트가 여전히 버티면, 망치로 때려 봐야겠는걸.' 어린 왕자가 다시 내 깊은 생각을 흐트러뜨렸다.

"그리고 당신은 믿잖아. 당신은, 그 꽃들이……."

"아니야! 그렇지 않아! 나는 어떤 것도 믿지 않아! 내가 뭐라고 대답해야 할지 모르겠구나. 나는 바쁘단다. 내게는, 진지한 문제야!"

그는 깜짝 놀라서 나를 바라보았다.

105

– De choses sérieuses!

Il me voyait, mon marteau à la main, et les doigts noirs de cambouis, penché sur un objet qui lui semblait très laid.

– Tu parles comme les grandes personnes!

Ça me fit un peu honte. Mais, impitoyable, il ajouta:

– Tu confonds tout… tu mélanges tout!

Il était vraiment très irrité. Il secouait au vent des cheveux tout dorés:

– Je connais une planète où il y a un Monsieur cramoisi. Il n'a jamais respiré une fleur. Il n'a jamais regardé une étoile. Il n'a jamais aimé personne. Il n'a jamais rien fait d'autre que des additions. Et toute la journée il répète comme toi: « Je suis un homme sérieux! Je suis un homme sérieux! » et ça le fait gonfler d'orgueil. Mais ce n'est pas un homme, c'est un champignon!

– Un quoi?

– Un champignon!

"진지한 문제라고!"

그는 나를 보았는데, 내 손에는 망치가 들려 있었고, 손가락은 기름으로 검어진 채, 그에게는 매우 지저분해 보일 물체에 몸을 숙이고 있었다.

"당신도 어른들처럼 말하네!"

그것은 나를 조금 부끄럽게 만들었다. 그렇지만, 그는 가차 없이 더했다.

"당신은 모든 것을 혼동하고 있어… 당신은 모든 것을 뒤죽박죽으로 만들고 있다구!"

그는 정말 몹시 화가 나 있었다. 그는 온통 황금빛인 머리칼을 공기 중에 흔들었다.

"내가 아는 별 하나에 붉은 안색의 신사 한 사람이 있었어. 그 사람은 꽃향기도 맡아 본 적이 없어. 그 사람은 별을 바라본 적이 없어. 그 사람은 결코 누구도 사랑하지 않았어. 숫자를 더하는 것 말고는 결코 아무것도 하지 않았어. 그리고 온종일 당신처럼 되풀이해서 말했어. '나는 진지한 사람이다! 나는 진지한 사람이다!' 그리고 그것은 자부심으로 그를 우쭐하게 만들었어. 하지만 그건 사람이 아니라, 버섯이야!"

"뭐라고?"

"버섯이라구!"

Le petit prince était maintenant tout pâle de colère.

– Il y a des millions d'années que les fleurs fabriquent des épines. Il y a des millions d'années que les moutons mangent quand même les fleurs. Et ce n'est pas sérieux de chercher à comprendre pourquoi elles se donnent tant de mal pour se fabriquer des épines qui ne servent jamais à rien? Ce n'est pas important la guerre des moutons et des fleurs? Ce n'est pas plus sérieux et plus important que les additions d'un gros Monsieur rouge? Et si je connais, moi, une fleur unique au monde, qui n'existe nulle part, sauf dans ma planète, et qu'un petit mouton peut anéantir d'un seul coup, comme ça, un matin, sans se rendre compte de ce qu'il fait, ce n'est pas important ça!

Il rougit, puis reprit:

– Si quelqu'un aime une fleur qui n'existe qu'à un exemplaire dans les millions et les millions d'étoiles, ça suffit pour qu'il soit heureux quand il les regarde. Il se dit: « Ma fleur est là quelque part… » Mais si le mouton mange la fleur, c'est pour lui comme si, brusquement, toutes les étoiles s'éteignaient! Et ce n'est pas important ça!

어린 왕자는 이제 화가 나서 창백해져 있었다.

"수백만 년 동안 꽃들은 가시를 지니고 있었어. 수백만 년 동안 양들은 여전히 꽃들을 먹어 왔고. 그런데 그 꽃이 결코 아무 쓸모도 없는 가시를 키우기 위해 그렇게 큰 수고를 하는 이유를 이해하려고 노력하는 것은 진지하지 않다는 거야? 양과 꽃들 사이의 그 전쟁이 중요하지 않다는 거야? 이것이 살찐 붉은 얼굴의 신사가 하는 덧셈보다 덜 중요하고 진지하지 않다는 거야? 그리고 만약 내가 알고 있는, 세상에 유일한 꽃인, 내 별 말고는 어디서도 존재하지 않는 그것을, 어느 날 아침, 아무것도 모르는 작은 양 한 마리가 와서 단번에 없앨 수도 있는데, 그것이 중요하지 않다는 거야!"

그는 상기되어, 다시 시작했다.

"만약 누군가 수백만 개의 별들 가운데 유일하게 존재하는 꽃 한 송이를 사랑한다면, 그는 그것들을 바라보는 것만으로도 충분히 행복할 거야. 그는 자신에게 말할 거야. '내 꽃이 저기 어딘가에 있어…' 그런데 만약 양이 그 꽃을 먹어 버린다면, 마치 그에게는, 한순간에, 모든 별들이 존재하지 않게 되는 거야! 그것이 중요하지 않다고!"

Il ne put rien dire de plus. Il éclata brusquement en sanglots. La nuit était tombée. J'avais lâché mes outils. Je me moquais bien de mon marteau, de mon boulon, de la soif et de la mort. Il y avait, sur une étoile, une planète, la mienne, la Terre, un petit prince à consoler! Je le pris dans les bras. Je le berçai. Je lui disais: « La fleur que tu aimes n'est pas en danger… Je lui dessinerai une muselière, à ton mouton… Je te dessinerai une armure pour ta fleur… Je… » Je ne savais pas trop quoi dire. Je me sentais très maladroit. Je ne savais comment l'atteindre, où le rejoindre… C'est tellement mystérieux, le pays des larmes.

그는 더 이상 말을 이을 수 없었다. 갑작스레 울음이 터져 나왔던 것이다. 밤이 내려앉았다. 나는 내 연장들을 아무렇게나 던져 버렸다. 나는 망치와 볼트에 대해, 그리고 갈증과 죽음에 대해 신경 쓰지 않기로 했다. 거기에, 하나의 별, 지구라는 내 행성에, 달래야 할 어린 왕자가 있었으니! 나는 그를 팔로 안았다. 그를 흔들었다. 나는 그에게 말했다. "네가 사랑하는 그 꽃은 위험하지 않아… 내가 네 양에게 부리망을 그려 줄게… 네 꽃을 위해 울타리도 그릴 거야… 나는……." 나는 무슨 말을 해야 할지 알지 못했다. 나는 몹시 서툴렀다. 나는 그곳에 어떻게 다다라야 할지, 어디서 만나야 할지… 알지 못했다. 그것은 그렇게도 비밀스러운, 눈물의 땅이었다.

111

⋆ **Note** ⋆

7장은 나와 어린 왕자가 만난 지 닷새째 되는 날로, 아무리 '특별한' 어른이라고 해도 그 한계를 드러내고 '아이'와 갈등하는 모습을 보여 주는 장입니다.

이야기는 장미의 가시 이야기로 시작합니다. 장미에게 있어 가시는 무엇일까요? 보통 어른들에게 그것은 단지 자연스럽게 꽃대에 생기는 거추장스러운 것이라고밖에 생각지 못하는 것입니다.

둘의 갈등은 그래서 이렇게 시작합니다.

– Les épines, ça ne sert à rien, c'est de la pure méchanceté de la part des fleurs!

– Oh!

Mais après un silence il me lança, avec une sorte de rancune:

– Je ne te crois pas! Les fleurs sont faibles. Elles sont naïves. Elles se rassurent comme elles peuvent. Elles se croient terribles avec leurs épines…

"가시는, 쓸모없는 거야. 그건 꽃들이 괜히 심술부리는 거야!"

"아!"

그러나 잠시 침묵 후에 그는 적개심 같은 것을 가지고 내게 소리를 질렀다.

"나는 당신을 믿을 수 없어! 꽃은 약한 생물이야. 그네들은 순진해. 그네들은 할 수 있는 최선을 다해 자신들을 안심시키는 거라고. 그네들은 자신들의 가시가 무시무시한 거라고 믿고 있는 거라고……." (이정서 역)

접속사와 대명사 등 작가가 쓴 그대로를 살린, 소위 직역된 문장입니다. 읽기에 무리가 없다고 여겨지는데 우리는 번역은 직역은 안 된다며, 대부분의 역자들이 지레 의역을 시도합니다.

지금 인용하고 있는 역자는 이렇게 의역하고 있었습니다.

"가시, 그건 아무 쓸모도 없는 거야."

"그래?"

잠시 아무 말이 없다가 어린 왕자는 원망스럽다는 듯이 이렇게 톡 쏘아붙였다.

"거짓말 마! 꽃들은 연약해. 그리고 순진해. 꽃들은 자기들이 할 수 있는 만큼 자신을 보호하는 거야. 가시가 있으니 자기들은 무서운 존재라고 생각하는 거라고." (김** 역)

언뜻 보면, 그게 그거 같지만 사실은 많이 다릅니다. 역자는 우선 첫 줄의 c'est de la pure méchanceté de la part des fleurs!(그건 꽃들이 괜히 심술부리는 거야!)라는 문장을 아예 빼버리고 있는 것을 볼 수 있습니다. 실수인지, 동어 반복이라 여겨 일부러 생략한 것인지, 그것은 알 수 없습니다. 그러나 이 책이 2007년 5월 처음 나오고, 지금 인용하는 이 책이 2015년 8월판이니 단순 실수라고 보기는 힘들 것입니다. 물론 이분의 다른 번역은 이곳 말고도 이런 곳이 종종 보이는데, 누구도 지적하지 않았던 것은 아니, 못했던 것은 번역이니까, 문제없다는 우리의 보편적 인식 때문일 터입니다.

아무튼 어른처럼 말하는 '내'게 화가 나서 쏟아내는 어린 왕자의 말은 의미심장합니다. 그 말을 듣고 비로소 자신이 잘못되었다는 것을 깨달은 이 '어른'은 어린 왕자를 안아 주며 진심으로 위로하게 됩니다. 어린 왕자가 토해내는 저 말들이 우리 번역에는 이렇게 더 '어른스럽게' 되어 버린 것입니다.

"수백만 년 전부터 꽃은 가시를 만들어 갖고 있어. 그런데도 수백만 년 전부터 양들은 꽃을 먹어왔어. 그런데 어째서 꽃이 아무런 쓸모도 없는 가시를 만들어 가지느라고 그토록 애를 쓰는지 알려고 하는 건 중요한 일이 아니라는 거지? 양들과 꽃들의 전쟁 같은 건 중요한 게 아니라 이거지? 이건 얼굴이 뻘건 뚱뚱이 아저씨가 하는 계산보다 더 심각하고 중요한 일이 못 된다 이거지?……" (김** 역)

「수백만 또 수백만이 넘는 별들 속에 그런 종류로는 단 한 송이밖에 없는 꽃을 누군가가 사랑한다면, 그 사람은 별들을 바라보기만 해도 행복할 거야. 〈저 하늘 어딘가에 내 꽃이 있겠지…….〉 이렇게 혼자 말하겠지. 그런데 양이 그 꽃을 먹어 버리면 어떻게 되겠어. 그에겐 그 모든 별들이 갑자기 꺼져 버리는 것 같을 거야! 그래도 그게 중요한 일이 아니란 말이야!」 (황** 역)

VIII

J'appris bien vite à mieux connaître cette fleur. Il y avait toujours eu, sur la planète du petit prince, des fleurs très simples, ornées d'un seul rang de pétales, et qui ne tenaient point de place, et qui ne dérangeaient personne. Elles apparaissaient un matin dans l'herbe, et puis elles s'éteignaient le soir. Mais celle-là avait germé un jour, d'une graine apportée d'on ne sait où, et le petit prince avait surveillé de très près cette brindille qui ne ressemblait pas aux autres brindilles. Ça pouvait être un nouveau genre de baobab. Mais l'arbuste cessa vite de croître, et commença de préparer une fleur. Le petit prince, qui assistait à l'installation d'un bouton énorme, sentait bien qu'il en sortirait une apparition miraculeuse, mais la fleur n'en finissait pas de se préparer à être belle, à l'abri de sa chambre verte. Elle choisissait avec soin ses couleurs. Elle

8

　나는 머지않아 이 꽃에 대해 더 잘 알게 되었다. 어린 왕자의 별에서 꽃들은 항상 매우 소박해서, 홑꽃잎으로 단장하고, 공간을 차지하지 않았으며, 누구와도 문제를 일으키지 않았다. 그네들은 어느 날 아침 풀 속에서 나타났고, 밤이면 시들었다. 그러나 한번은, 아무도 모르는 곳으로부터 날아온 씨앗에서 싹이 텄고, 어린 왕자는 다른 잔가지들과는 닮지 않은 이 잔가지를 매우 유심히 지켜보게 되었다. 그것은 새로운 종류의 바오바브나무일 수 있었던 것이다. 그러나 그 관목은 머지않아 성장을 멈추더니, 꽃 피울 준비를 시작했다. 어린 왕자는, 큰 꽃망울이 잡히는 것을 주의 깊게 살피면서, 기적이 발생하기 직전이라는 걸 느꼈지만, 그 꽃은 녹색의 방에서 아름다움을 위한 준비를 끝마칠 줄 몰랐다. 그녀는 주의 깊게 자신의 색깔을 골랐다. 그녀는 천천히 옷을 차려입고, 하나하나씩 꽃잎을 정돈했다. 그녀는 개양귀비처럼 헝클어진 채 나오고 싶지 않았

s'habillait lentement, elle ajustait un à un ses pétales. Elle ne voulait pas sortir toute fripée comme les coquelicots. Elle ne voulait apparaître que dans le plein rayonnement de sa beauté. Eh! oui. Elle était très coquette! Sa toilette mystérieuse avait donc duré des jours et des jours. Et puis voici qu'un matin, justement à l'heure du lever du soleil, elle s'était montrée.

Et elle, qui avait travaillé avec tant de précision, dit en bâillant:

– Ah! Je me réveille à peine… Je vous demande pardon… Je suis encore toute décoiffée…

Le petit prince, alors, ne put contenir son admiration:

– Que vous êtes belle!

– N'est-ce pas, répondit doucement la fleur. Et je suis née en même temps que le soleil…

던 것이다. 그녀는 오로지 그녀의 아름다움이 완전히 빛을 발할 때 나서길 원했다. 오! 과연! 그녀는 매우 요염했다! 그녀의 비밀스러운 단장은 그러고도 여러 날 지속되었다. 그러던 어느 날 아침, 정확히 해 뜨는 시각에, 그녀가 모습을 드러냈다.

그리고 그녀는, 그렇듯 꼼꼼하게 공을 들였음에도, 하품을 하며 말했다.

"아! 저는 이제 막 깨어났어요… 죄송해요… 여전히 전부 헝클어져 있네요……"

어린 왕자는, 그러나, 감탄을 억제할 수 없었다.

"당신은 정말 아름답군요!"

"그렇죠." 꽃이 살며시 대답했다. "저는 해와 동시에 태어났거든요……"

Le petit prince devina bien qu'elle n'était pas trop modeste, mais elle était si émouvante!

– C'est l'heure, je crois, du petit déjeuner, avait-elle bientôt ajouté, auriez-vous la bonté de penser à moi…

Et le petit prince, tout confus, ayant été chercher un arrosoir d'eau fraîche, avait servi la fleur.

Ainsi l'avait-elle bien vite tourmenté par sa vanité un peu ombrageuse. Un jour, par exemple, parlant de ses quatre épines, elle avait dit au petit prince:

– Ils peuvent venir, les tigres, avec leurs griffes!

– Il n'y a pas de tigres sur ma planète, avait objecté le petit prince, et puis les tigres ne mangent pas l'herbe.

어린 왕자는 그녀가 크게 겸손하지 않다는 사실을 충분히 짐작했지만, 그러나 그녀는 얼마나 감동적인가!

"지금쯤이면, 제 생각엔… 아침 식사 시간 같은데…" 그녀는 곧 덧붙였다. "저를 위해 친절을 베풀어 주실 수 있으실지……."

어린 왕자는, 완전히 당황해서, 신선한 물이 담긴 물뿌리개를 찾아, 꽃을 대접했다.

그처럼 그녀는 오래지 않아 조금 까다로운 자만심으로 그를 들볶았다. 예를 들어 하루는, 그녀의 네 개의 가시에 대해 말하는 가운데 어린 왕자에게 말했다.

"그들이 올 거예요, 호랑이들이요, 발톱을 가진!"

"내 별에는 호랑이들이 없어요…" 어린 왕자가 반박했다. "그리고 호랑이들은 풀을 먹지 않아요."

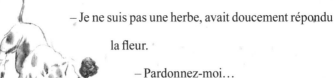

– Je ne suis pas une herbe, avait doucement répondu la fleur.

– Pardonnez-moi…

– Je ne crains rien des tigres, mais j'ai horreur des courants d'air. Vous n'auriez pas un paravent?

« Horreur des courants d'air… ce n'est pas de chance, pour une plante, avait remarqué le petit prince. Cette fleur est bien compliquée… »

– Le soir vous me mettrez sous globe. Il fait très froid chez vous. C'est mal installé. Là d'où je viens…

Mais elle s'était interrompue. Elle était venue sous forme de graine. Elle n'avait rien pu connaître des autres mondes. Humiliée de s'être laissé surprendre à préparer un mensonge aussi naïf, elle avait toussé deux ou trois fois, pour mettre le petit prince dans son tort:

– Ce paravent?…

"나는 풀이 아니에요." 꽃이 부드럽게doucement 대답했다.

"미안해요……."

"나는 호랑이는 전혀 겁나지crains 않아요, 하지만 외풍은 무서워요. 당신에게 바람막이는 없나요?"

'외풍이 무섭다니… 식물로서는 운이 없구나,' 어린 왕자는 알아챘다. '이 꽃은 정말 까다로운 존재구나.'

"밤에는 저를 유리구 안에 넣어 주세요. 당신 별은 너무 춥네요. 자리를 잘못 잡은 거 같아요. 내가 온 그곳은……."

하지만 그녀는 자신의 말을 멈추었다. 그녀는 씨의 형태로 왔다. 그녀는 다른 세계를 경험할 수 없었던 것이다. 그러한 순진한 거짓말을 꾸며서 한 게 창피했는지, 그녀는 그 잘못을 어린 왕자에게 떠넘기기 위해 두어 번 기침을 했다.

"바람막이는요?…"

– J'allais le chercher mais vous me parliez!

Alors elle avait forcé sa toux pour lui infliger quand même des remords.

Ainsi le petit prince, malgré la bonne volonté de son amour, avait vite douté d'elle. Il avait pris au sérieux des mots sans importance, et était devenu très malheureux.

« J'aurais dû ne pas l'écouter, me confia-t-il un jour, il ne faut jamais écouter les fleurs. Il faut les regarder et les respirer. La mienne embaumait ma planète, mais je ne savais pas m'en réjouir. Cette histoire de griffes, qui m'avait tellement agacé, eût dû m'attendrir... »

Il me confia encore:

« Je n'ai alors rien su comprendre! J'aurais dû la juger sur les actes et non sur les mots. Elle m'embaumait et m'éclairait. Je n'aurais jamais dû m'enfuir! J'aurais dû deviner sa tendresse derrière ses pauvres ruses. Les fleurs sont si contradictoires! Mais j'étais trop jeune pour savoir l'aimer. »

"찾으러 가려는데, 당신이 내게 말을 걸었잖아요!"

그러자 그녀는 다시 그에게 죄책감을 가하기 위해 억지로 기침을 했다.

그리하여 어린 왕자는, 좋아하는 선의의 마음에도 불구하고, 오래지 않아 그녀를 의심하게 되었다. 그는 사소한 말을 심각하게 받아들였고, 매우 불행하게 되었던 것이다.

"나는 그녀의 말을 듣지 말았어야 했어." 그는 어느 날 내게 털어놓았다. "꽃들의 말을 들으면 절대 안 돼. 그냥 바라보고 향기만 맡으면 되는 거였어. 내 꽃은 내 별을 향기롭게 해주었는데, 즐기는 방법을 몰랐던 거야. 그렇게 신경 쓰게 한 발톱 이야기는, 측은하게 여겼어야 했는데⋯⋯."

게다가 그는 내게 털어놓았다.

"사실 나는 어떤 것도 이해하지 못했던 거야! 나는 말이 아니라 행동으로 그녀를 판단해야만 했는데. 그녀는 나를 향기롭게 하고 빛나게 했어. 나는 결코 그녀로부터 달아나지 말았어야 해. 나는 그녀의 가여운 속임수 뒤에 숨어 있는 다정함을 꿰뚫어 봤어야 했어. 꽃들은 그렇게 모순적이야! 하지만 나는 그녀를 사랑하는 법을 알기엔 너무 어렸어."

• Note •

'모든 어른들은 처음에는 아이였습니다.'

생텍쥐페리가 이 책 서두에 한 말입니다. 너무나 당연한 말이지만 우리는 나이가 들면서 이 같은 사실을 까마득히 잊고 살아갑니다. 문득문득 '나이가 중요한 게 아닌데…' 자책하면서 말입니다.

혹시 기존의 〈어린 왕자〉를 읽은 독자들 가운데 왜 어린 왕자가 자신의 별을 떠났으며, 왜 그렇게 돌아가려고 그리워했는지 명료히 이해하고 있는 분이 있을까요? 저는 아마 없을 거라고 생각합니다. 제가 보기에 그것은 기존의 번역들이 바로 이번 장부터 등장하는 꽃의 이미지를 너무나 왜곡시켜 버렸기 때문입니다.

〈어린 왕자〉 속 꽃은 결코 여러분이 알고 있는 고집스럽고 앙탈스러운 꽃의 이미지가 아닙니다.

어느 날 '어린 왕자' 앞에 화사한 모습으로 나타난 꽃은 사실 처음에는 어린 왕자의 '아이'나 다름없는 존재였습니다. 씨앗이 움틀 때부터 어린 왕자가 가꾸어 온 것이니까요. 우리에게 어린 왕자가 '꼬마'이고 '아이'이듯 꽃은 어린 왕자에게 처음에는 '아이'였던 것입니다. 그 아이는 처음에 자기만의 언어로 세상과 대화하려 합니

126

다. 우리 아이들이 그러하고, 우리가 아이였을 때 그러했듯이.

그럼에도 둘은 이 장에서 서로에게 존댓말을 합니다. 어린 왕자가 비행기 조종사인 '나'에게 말을 놓는 것과도 비교되는 것이지요.

아무튼 꽃은 자라면서 끊임없이 '어린 왕자'를 귀찮게 합니다. 그 '아이'의 언어를 작가는 이렇게 표현하고 있는 것입니다.

그처럼 그녀는 오래지 않아 조금 까다로운 자존심으로 그를 들볶았다. 예를 들어 하루는, 그녀의 네 개의 가시에 대해 말하는 가운데 어린 왕자에게 말했다.

"그들이 올 거예요. 호랑이들이요. 발톱을 가진!"

"내 별에는 호랑이들이 없어요…" 어린 왕자가 반박했다. "그리고 호랑이들은 풀을 먹지 않아요."

"나는 풀이 아니에요." 꽃이 부드럽게 대답했다.

"미안해요……."

"나는 호랑이는 전혀 겁나지 않아요. 하지만 외풍은 무서워요. 당신에게 바람막이는 없나요?"

'외풍이 무섭다니… 식물로서는 운이 없구나,' 어린 왕자는 알아챘다. '이 꽃은 정말 까다로운 존재구나.'

"밤에는 저를 유리구 안에 넣어 주세요. 당신 별은 너무 춥네요.

자리를 잘못 잡은 거 같아요. 내가 온 그곳은……."

하지만 그녀는 자신의 말을 멈추었다. 그녀는 씨의 형태로 왔다.
그녀는 다른 세계를 경험할 수 없었던 것이다. 그러한 순진한 거
짓말을 꾸며서 한 게 창피했는지, 그녀는 그 잘못을 어린 왕자에
게 떠넘기기 위해 두어 번 기침을 했다.

"바람막이는요?…"

"찾으러 가려는데, 당신이 내게 말을 걸었잖아요!" (이정서 역)

Ainsi l'avait-elle bien vite tourmenté par sa vanité un peu
ombrageuse. Un jour, par exemple, parlant de ses quatre
épines, elle avait dit au petit prince:

– Ils peuvent venir, les tigres, avec leurs griffes!

– Il n'y a pas de tigres sur ma planète, avait objecté le petit
prince, et puis les tigres ne mangent pas l'herbe.

– Je ne suis pas une herbe, avait doucement répondu la fleur.

– Pardonnez-moi…

– Je ne crains rien des tigres, mais j'ai horreur des courants
d'air. Vous n'auriez pas un paravent?

« Horreur des courants d'air… ce n'est pas de chance, pour

une plante, avait remarqué le petit prince. Cette fleur est bien compliquée… »

– Le soir vous me mettrez sous globe. Il fait très froid chez vous. C'est mal installé. Là d'où je viens…

Mais elle s'était interrompue. Elle était venue sous forme de graine. Elle n'avait rien pu connaître des autres mondes. Humiliée de s'être laissé surprendre à préparer un mensonge aussi naïf, elle avait toussé deux ou trois fois, pour mettre le petit prince dans son tort:

– Ce paravent?…

– J'allais le chercher mais vous me parliez!

바로 일상적으로 겪는 어른과 아이의 대화인 것입니다. 장미는 꽃의 입장에서 솔직하게 이야기한 것인데, 어린 왕자는 자기도 모르게 무의식적으로 세상을 다 아는 '어른'의 모습으로 답변하고 있는 것입니다.

어린 왕자는 그때까지 그것을 인식하지 못하고, 꽃이 말도 안 되는 거짓말을 하고 귀찮게 한다고 의심하는 것입니다. 한마디로 결코 꽃이 무리한 부탁을 했거나, 정말 말도 안 되는 이야기를 했던 것이 아닙니다. 꽃의 입장에서는 충분히 할 수 있는 말들이었으니까요. 우리가 아이였을 때 어른들에게 그랬듯이 말입니다.

그런데 기존의 번역들은 이런 것들을 곧, 작가의 시각에서 본 게 아니라 보통 '어른'의 시각으로 똑같이 의심하고 오해하면서 이런 번역을 했던 것입니다.

그렇게 그 꽃은 약간 심술궂은 허영심으로 이내 어린 왕자의 마음을 괴롭혔다. 가령, 어느 날 꽃은 제가 가지고 있는 네 개의 가시 이야기를 하며 어린 왕자에게 이런 말을 한 적이 있었다.

"호랑이들이 발톱을 세우고 올 테면 와보라 그래요!"

"내 별에는 호랑이가 없어요. 그리고 호랑이는 풀을 먹지 않아요!"하고 어린 왕자가 대꾸했다.

"나는 풀이 아니에요." 꽃이 나직하게 대답했다.

"아, 미안해요……"

"난 호랑이 따윈 조금도 무섭지 않아요. 하지만 바람은 질색이에요. 혹시 바람막이는 없으세요?"

'바람은 질색이라… 식물로서는 안된 일이군. 이 꽃은 꽤 복잡하구나……' 하고 어린 왕자는 생각했다.

"저녁에는 나에게 둥근 덮개를 씌워주세요. 이곳은 대단히 춥군요. 설비도 제대로 되어 있지 않으니. 전에 내가 있던 곳은⋯⋯"

(김⋆⋆ 역)

말은 '아' 다르고 '어' 다르다는 말을 많이 합니다. 사실 형태가 다르니 다른 것이야 너무나 당연한 것이지만, 같은 형태라 해도 그 말을 어떤 배경에서 했느냐에 따라 천양지차가 나는 것입니다. 우리는 그것을 '뉘앙스'라고 부릅니다. 따라서 번역은 오히려 원문의 뉘앙스가 무언가를 얼마나 잘 이해하고 옮기느냐가 무엇보다 중요할 터입니다. 한 문장만 떼어 보겠습니다.

– Ils peuvent venir, les tigres, avec leurs griffes!

작가가 쓴 쉼표까지 살려 직역하면,

"그들이 올 거예요, 호랑이들이요, 발톱을 가진!" (이정서 역)

입니다.

이것을 위 역자는 이렇게 사납게 바꾸어 버린 것입니다.

"호랑이들이 발톱을 세우고 올 테면 와보라 그래요!" (김** 역)

다음 문맥도 마찬가지입니다.

"나는 호랑이는 전혀 겁나지 않아요. 하지만 외풍은 무서워요.
당신에게 바람막이는 없나요?"
'외풍이 무섭다니… 식물로서는 운이 없구나.' 어린 왕자는 알아
챘다. '이 꽃은 정말 까다로운 존재구나.' (이정서 역)
– Je ne crains rien des tigres, mais j'ai horreur des courants
d'air. Vous n'auriez pas un paravent?
« Horreur des courants d'air… ce n'est pas de chance, pour
une plante, avait remarqué le petit prince. Cette fleur est bien
compliquée… »

한 번 본 적이 없는 호랑이는 무섭지 않지만, 실제로 밤이면 자신
의 몸을 헤집는 바람이 무섭다고 하는 아이(꽃). 이게 이상할 것이
전혀 없는 것인데, 이걸 우리 번역은 이렇게 바꾸어 버린 것입니다.

"난 호랑이 따윈 조금도 무섭지 않아요. 하지만 바람은 질색이에

요. 혹시 바람막이는 없으세요?"

"바람은 질색이라…… 식물로서는 안 될 일이군. 이 꽃은 꽤 복잡하구나……"하고 어린 왕자는 생각했다.

(김** 역)

'질색'이라니… 이건 아이의 언어가 아닌 것이지요. 물론 그런 아이도 있습니다. 같은 맥락으로, 어떤 문장이 좋고 나쁘고에 대한 인식은 개인적 차이라고 할 수도 있을 것입니다. 그러나 다르고 틀린 것은 분명한 것입니다.

이 장의 마지막에는 어린 왕자가 자신의 잘못을 깨닫고 뒤늦게 후회하는 대목이 나옵니다.

"나는 그녀의 말을 듣지 말았어야 했어." 그는 어느 날 내게 털어놓았다. "꽃들의 말을 들으면 절대 안 돼. 그냥 바라보고 향기만 맡으면 되는 거였어. 내 꽃은 내 별을 향기롭게 해주었는데, 즐기는 방법을 몰랐던 거야. 그렇게 신경 쓰게 한 발톱 이야기는, 측은하게 여겼어야 했는데……."

게다가 그는 내게 털어놓았다.

"사실 나는 어떤 것도 이해하지 못했던 거야! 나는 말이 아니라

133

행동으로 그녀를 판단해야만 했는데. 그녀는 나를 향기롭게 하고 빛나게 했어. 나는 결코 그녀로부터 달아나지 말았어야 해. 나는 그녀의 가여운 속임수 뒤에 숨어 있는 다정함을 꿰뚫어 봤어야 했어. 꽃들은 그렇게 모순적이야! 하지만 나는 그녀를 사랑하는 법을 알기엔 너무 어렸어." (이정서 역)

이런 절절한 뉘우침과 교훈적인 말들을 우리의 번역은 이렇게 바꾸어 버린 것입니다.

어느 날 그는 내게 속마음을 털어놓았다. "그 꽃이 하는 말에 귀를 기울이지 말걸 그랬어. 꽃이 하는 말은 절대 귀담아들으면 안 돼. 그냥 바라보고 향기만 맡아야 하는 거야. 내 꽃은 내 별에 향기를 뿜어주고 있는데, 나는 그걸 즐길 줄 몰랐어. 그 발톱 이야기에 너무 약이 올랐거든. 사실은 가엾게 여겼어야 했는데 말이야……"

어린 왕자는 또 이런 말도 했다.

"나는 그때 아무것도 이해할 줄 몰랐던 거야! 그 꽃이 하는 말이 아니라 행동을 보고 판단했어야 하는 건데 말이야. 그 꽃은 내게 향기를 뿜어주고 마음도 환하게 해주었어. 절대로 도망을 쳐버리지는 말았어야 하는 건데! 그 꽃의 대단치 않은 심술 뒤에 애정이 숨어 있는 걸 눈치챘어야 하는 건데 그랬어. 꽃들은 앞뒤가 어긋나는 말을 너무나 잘 하니까! 하지만 난 너무 어려서 꽃을 사랑할 줄 몰랐던 거야." (김** 역)

　물론 이런 '뉘앙스'의 번역은 이분만 그랬던 것이 아닙니다. 기존 번역 전부가 그러했던 것입니다.

　그랬기에 〈어린 왕자〉 속 '꽃'은 100년이 지나도록 우리 독자들에게는 '까다롭고, 거짓말 잘하고, 앙탈스러운' '그녀'로 인식되어 왔던 것입니다. 이제 원래 '꽃'의 이미지를 찾아 주어야 할 때가 되지 않았을까요?

IX

Je crois qu'il profita, pour son évasion, d'une migration d'oiseaux sauvages. Au matin du départ il mit sa planète bien en ordre. Il ramona soigneusement ses volcans en activité. Il possédait deux volcans en activité. Et c'était bien commode pour faire chauffer le petit déjeuner du matin. Il possédait aussi un volcan éteint. Mais, comme il disait, « On ne sait jamais! » Il ramona donc également le volcan éteint. S'ils sont bien ramonés, les volcans brûlent doucement et régulièrement, sans éruptions. Les éruptions volcaniques sont comme des feux de cheminée. Évidemment sur notre terre nous sommes beaucoup trop petits pour ramoner nos volcans. C'est pourquoi ils nous causent des tas d'ennuis.

Le petit prince arracha aussi, avec un peu de mélancolie, les dernières pousses de baobabs. Il croyait ne jamais devoir

9

나는 그가 야생의 철새떼들의 이동을 이용해 그의 별을 빠져나왔으리라고 믿는다. 떠나던 날 아침에 그는 차례차례 별을 정리했다. 그는 자신의 활화산들을 주의 깊게 청소했다. 그는 두 개의 활화산을 가지고 있었다. 그리고 그것들은 아침 식사를 덥히는 데 매우 편리했다. 그는 또한 사화산도 하나 가지고 있었다. 그러나 그의 말처럼 "결코 누구도 모르는 일이다!" 그래서 그는 사화산 또한 청소했다. 만약 잘 청소하면, 화산들은 폭발하는 법 없이, 천천히 그리고 꾸준히 타오를 것이다. 화산 폭발은 굴뚝의 불길과 같다. 당연히 우리의 땅에서 우리는 화산을 청소하기엔 너무 작다. 그것이 우리에게 그렇게 많은 곤란을 가져오는 이유이다.

어린 왕자는 또한 조금 슬퍼하며, 바오바브나무의 마지막 새싹을 뽑았다. 그는 결코 돌아오지 않게 되리라고 생각했던 것이다. 그러나 이 모든 친숙한 일들이 그에게, 그 어슴새벽에, 더

Il ramona soigneusement ses volcans en activité.

그는 자신의 화산들을 주의 깊게 청소했다.

revenir. Mais tous ces travaux familiers lui parurent, ce matin-là, extrêmement doux. Et, quand il arrosa une dernière fois la fleur, et se prépara à la mettre à l'abri sous son globe, il se découvrit l'envie de pleurer.

– Adieu, dit-il à la fleur.

Mais elle ne lui répondit pas.

– Adieu, répéta-t-il.

La fleur toussa. Mais ce n'était pas à cause de son rhume.

– J'ai été sotte, lui dit-elle enfin. Je te demande pardon. Tâche d'être heureux.

Il fut surpris par l'absence de reproches. Il restait là tout déconcerté, le globe en l'air. Il ne comprenait pas cette douceur calme.

할 수 없이 정겨웠다. 그리고 마지막으로 꽃에게 물을 주고, 유리구를 씌워 줄 준비를 할 때, 그는 스스로 울고 싶다는 충동을 느꼈다.

"잘 있어." 그는 꽃에게 말했다.

그러나 그녀는 대답하지 않았다.

"잘 있어." 그는 되풀이했다.

꽃이 기침을 했다. 그러나 그것은 감기 때문은 아니었다.

"내가 어리석었어." 그녀는 마침내 말했다. "용서해. 꼭 행복해야 해."

그는 비난이 없는 것에 놀랐다. 그는 몹시 당황하여 유리구를 공중에 든 채로, 잠깐 동안 멈춰 서 있었다. 그는 이 조용한 부드러움을 이해할 수 없었다.

141

– Mais oui, je t'aime, lui dit la fleur. Tu n'en as rien su, par ma faute. Cela n'a aucune importance. Mais tu as été aussi sot que moi. Tâche d'être heureux... Laisse ce globe tranquille. Je n'en veux plus.– Mais le vent...

– Je ne suis pas si enrhumée que ça... L'air frais de la nuit me fera du bien. Je suis une fleur.

– Mais les bêtes...

– Il faut bien que je supporte deux ou trois chenilles si je veux connaître les papillons. Il paraît que c'est tellement beau. Sinon qui me rendra visite? Tu seras loin, toi. Quant aux grosses bêtes, je ne crains rien. J'ai mes griffes.

Et elle montrait naïvement ses quatre épines. Puis elle ajouta:

– Ne traîne pas comme ça, c'est agaçant. Tu as décidé de partir. Va-t'en.

Car elle ne voulait pas qu'il la vît pleurer. C'était une fleur tellement orgueilleuse...

"그렇지만, 음, 그래, 나는 당신을 사랑해." 꽃이 말했다. "당신은 몰랐을 거야, 내 잘못이지. 그건 중요치 않아. 그러나 당신도 나처럼 바보였어. 꼭 행복해야 해. 유리구는 완전히 치워 줄래. 나는 더 이상 그것을 원치 않아."

"하지만 바람이……."

"그렇게 춥지 않아… 차가운 밤공기가 내게 좋을 거야. 나는 꽃이니까."

"하지만 동물들이……."

"만약 나비를 보길 원한다면 두세 마리 애벌레 정도는 견뎌 내야겠지. 그것은 무척 아름다울 거야. 그렇지 않으면 누가 나를 찾아와 주겠어? 당신은 멀리 있을 테고, 큰 동물들은 전혀 두렵지 않아. 나는 가시를 가지고 있거든."

그러면서 그녀는 천진난만하게 가시 네 개를 보여 주었다. 그러고 나서 그녀가 덧붙였다.

"그렇게 지체하지 마. 성가셔. 당신은 떠나기로 결정했잖아. 어서, 가!"

왜냐하면 그녀는 자신의 우는 모습을 그에게 보여 주고 싶지 않았기 때문이다. 그렇게 도도한 꽃이었다…….

⋅ **Note** ⋅

이번 장의 마지막은 이렇게 되어 있습니다.

Car elle ne voulait pas qu'il la vît pleurer. C'était une fleur
tellement orgueilleuse….

왜냐하면 그녀는 자신의 우는 모습을 그에게 보여 주고 싶지 않
았기 때문이다. 그렇게 도도한 꽃이었다……. (이정서 역)

이것을 우리의 역자들은 이렇게 번역하고 있었습니다.

꽃은 우는 모습을 보이고 싶지 않았던 것이다. 그렇게도 오만한
꽃이었다……. (황★★ 역)

꽃은 제가 우는 모습을 어린 왕자에게 보이고 싶지 않았던 것이
다. 너무나도 자존심 강한 꽃이니까…… (김★★ 역)

우리의 번역은 이렇듯 꽃에 대한 이미지를 저 orgueilleuse 한
단어에 매몰되어 있었던 것입니다. 사전을 찾아보자, 저 단어의 의

144

미는 '오만하다'라는 뜻이 가장 위에 올라 있었습니다. 물론 사전 역시 그분들이 만들었을 터이지요.

결국 이러한 번역은 역자의 선입관이 빚어낸, 앞에서부터 잘못 되어 온 번역으로 인해 필연적으로 노정되어 있긴 했었을 터입니 다.

"나비를 보려면 벌레 두세 마리쯤은 참아줘야지. 나비는 정말 아름답다는데. 나비 말고 누가 나를 찾아와주겠어? 너는 멀리 가 있겠지. 큰 짐승들은 말이지, 조금도 겁날 것이 없어. 내 발톱 이 있으니까." (김** 역)

《어린 왕자》를 번역하면서 가장 놀랐던 것은 이와 같은 꽃에 관 한 이미지였습니다. 적어도 제가 어릴 적부터 읽어 온 번역서 속의 꽃은 저런 '오만하고' '까다롭고 앙탈스러운' '여자'의 이미지였던 것 입니다.

그랬기에, 도대체 왜 어린 왕자는 자신의 별을 떠나, 꽃을 그렇 게 그리워한 것인지 도무지 이해할 수 없었던 것이지요.

X

Il se trouvait dans la région des astéroïdes 325, 326, 327, 328, 329 et 330. Il commença donc par les visiter pour y chercher une occupation et pour s'instruire.

La première était habitée par un roi. Le roi siégeait, habillé de pourpre et d'hermine, sur un trône très simple et cependant majestueux.

– Ah! Voilà un sujet, s'écria le roi quand il aperçut le petit prince.

10

그는 소행성 325, 326, 327, 328, 329, 그리고 330 일대에 있었다. 그는 따라서 일자리를 찾고 견문을 넓히기 위해 그것들을 방문하기 시작했다.

첫 번째 별에는 왕이 살고 있었다. 왕은 보랏빛 어민*을 입고, 단순하면서도 웅장한 옥좌에 앉아 있었다.

"오! 신하로구나." 왕이 어린 왕자를 발견하곤 소리를 질렀다.

*hermine : 흰 담비의 겨울철 장식이 박힌 왕실 가운.

Et le petit prince se demanda:

« Comment peut-il me reconnaître puisqu'il ne m'a encore jamais vu! »

Il ne savait pas que, pour les rois, le monde est très simplifié. Tous les hommes sont des sujets.

– Approche-toi que je te voie mieux, lui dit le roi qui était tout fier d'être roi pour quelqu'un.

Le petit prince chercha des yeux où s'asseoir, mais la planète était toute encombrée par le magnifique manteau d'hermine. Il resta donc debout, et, comme il était fatigué, il bâilla.

– Il est contraire à l'étiquette de bâiller en présence d'un roi, lui dit le monarque. Je te l'interdis.

– Je ne peux pas m'en empêcher, répondit le petit prince tout confus. J'ai fait un long voyage et je n'ai pas dormi…

– Alors, lui dit le roi, je t'ordonne de bâiller. Je n'ai vu personne bâiller depuis des années. Les bâillements sont pour moi des curiosités. Allons! bâille encore. C'est un ordre.

– Ça m'intimide… je ne peux plus… fit le petit prince tout rougissant.

그리고 어린 왕자는 의아하게 생각했다.

'어떻게 그는 나를 알아볼까, 이전에 나를 결코 본 적이 없을 텐데!'

그는 몰랐던 것이다, 왕에게 있어서, 세상은 몹시 단순화되어 있다는 것을. 모든 사람이 신하인 것이다.

"내게 가까이 오라, 내가 너를 더 잘 볼 수 있도록." 마침내 누군가의 왕이 되었다는 자부심을 느낀 왕이 그에게 말했다.

어린 왕자는 앉을 곳을 찾기 위해 둘러보았지만, 별은 왕의 멋진 어민 망토로 인해 혼잡했다. 그는 선 채로 머물렀고, 그리고, 피곤했기 때문에, 하품을 했다.

"왕이 있는 곳에서 하품을 하는 것은 예의에 반하는 것이다." 군주가 말했다. "나는 네게 그것을 금하노라."

"제 자신도 못하게 할 수가 없네요." 어린 왕자가 몹시 당황해서 말했다. "긴 시간 여행을 해왔고 한숨도 못 잤거든요……."

"그렇다면," 그에게 왕이 말했다. "나는 네게 하품을 할 것을 명하노라. 나는 아주 오랫동안 누구도 하품하는 것을 보지 못했다. 하품은 내게 호기심의 대상이다. 어서! 다시 하품을 하라. 이것은 명이다."

"그것이 저를 두렵게 해서… 더 이상 하품이 나오게 할 수가

– Hum! Hum! répondit le roi. Alors je… je t'ordonne tantôt de bâiller et tantôt de…

Il bredouillait un peu et paraissait vexé.

Car le roi tenait essentiellement à ce que son autorité fût respectée. Il ne tolérait pas la désobéissance. C'était un monarque absolu. Mais, comme il était très bon, il donnait des ordres raisonnables.

« Si j'ordonnais, disait-il couramment, si j'ordonnais à un général de se changer en oiseau de mer, et si le général n'obéissait pas, ce ne serait pas la faute du général. Ce serait ma faute. »

– Puis-je m'asseoir? s'enquit timidement le petit prince.

– Je t'ordonne de t'asseoir, lui répondit le roi, qui ramena majestueusement un pan de son manteau d'hermine.

Mais le petit prince s'étonnait. La planète était minuscule. Sur quoi le roi pouvait-il bien régner?

– Sire, lui dit-il… je vous demande pardon de vous **interroger…**

없어요……." 어린 왕자가 몹시 얼굴을 붉혔다.

"흠! 흠!" 왕이 대꾸했다. "그렇다면 나는… 나는 네게 명하노라, 때때로 하품을 하고 때때로는……."

그는 작게 신음소리를 냈는데, 기분이 상한 듯 보였다.

왜냐하면 왕이 기본적으로 바라는 것은 그의 권위를 존중받는 것이기 때문이었다. 그는 거역하는 것을 용인하지 못했다. 그는 절대 군주였다. 하지만, 그는 매우 선한 사람이었기에, 분별 있는 명을 내렸다.

"만약 내가 명했다면," 그가 거침없이 말했다. "만약 내가 장군에게 갈매기로 변하라고 명했고, 그리고 만약 그 장군이 따르지 못했다 하더라도, 그것은 장군의 잘못이 아니다. 그것은 나의 잘못인 것이다."

"앉아도 되나요?" 어린 왕자가 머뭇거리며 물었다.

"나는 네게 앉을 것을 명하노라." 왕이 그에게 답하며, 자신의 어민 망토 한 자락을 위풍당당하게 거두어들였다.

하지만 어린 왕자는 의아했다. 그 별은 작았다. 대체 이 왕이 통치한다는 것이 무엇일까?

"폐하," 그가 말했다. "죄송하지만 제가 당신께 질문해도 되나요……."

– Je t'ordonne de m'interroger, se hâta de dire le roi.

– Sire… sur quoi régnez-vous?

– Sur tout, répondit le roi, avec une grande simplicité.

– Sur tout?

Le roi d'un geste discret désigna sa planète, les autres planètes et les étoiles.

– Sur tout ça? dit le petit prince.

– Sur tout ça… répondit le roi.

Car non seulement c'était un monarque absolu mais c'était un monarque universel.

– Et les étoiles vous obéissent?

– Bien sûr, lui dit le roi. Elles **obéissent** aussitôt. Je ne tolère pas l'indiscipline.

Un tel pouvoir émerveilla le petit prince. S'il l'avait détenu lui-même, il aurait pu assister, non pas à quarante-quatre, mais à soixante-douze, ou même à cent, ou même à deux cents couchers de soleil dans la même journée, sans avoir jamais à tirer sa chaise! Et comme il se sentait un peu triste à cause du souvenir de sa petite planète abandonnée, il s'enhardit à

"나는 너에게 질문할 것을 명하노라." 왕이 서둘러 말했다.

"폐하… 당신이 통치하는 것은 무엇인가요?"

"전부지." 왕은 극히 단순하게 말했다.

"전부요?"

왕은 그의 행성과, 또 다른 행성과 별들을 가리키는 시늉을 했다.

"저것 전부요?" 어린 왕자가 말했다.

"저것 전부……." 왕이 대답했다.

사실은 단지 절대 군주였을 뿐만 아니라 우주의 군주였던 셈이다.

"그러면 저 별들이 당신에게 복종하나요?"

"물론이지." 왕이 말했다.

"그들은 즉각적으로 복종한다. 나는 불복종을 허용하지 않는다."

그런 힘은 어린 왕자의 경탄을 자아냈다. 만약 자신이 그럴 수 있었다면, 마흔네 번이 아니라 일흔두 번, 심지어 백 번, 이백 번도, 같은 날 일몰을 볼 수 있었을 테니, 결코 자신의 의자를 끌어당길 필요도 없이! 그리고 그는 버려진 그의 작은 별에 대한 기억으로 조금 슬픔을 느꼈기에, 대담하게 왕에게 한 가

solliciter une grâce du roi:

— Je voudrais voir un **coucher de soleil**… Faites-moi plaisir… Ordonnez au soleil de se coucher…

— Si j'ordonnais à un général de voler d'une fleur à l'autre à la façon d'un papillon, ou d'écrire une tragédie, ou de se changer en oiseau de mer, et si le général n'exécutait pas l'ordre reçu, qui, de lui ou de moi, serait dans son tort?

— Ce serait vous, dit fermement le petit prince.

— Exact. Il faut exiger de chacun ce que chacun peut donner, reprit le roi. L'autorité repose d'abord sur la raison. Si tu ordonnes à ton peuple d'aller se jeter à la mer, il fera la révolution. J'ai le droit d'exiger l'obéissance parce que mes ordres sont raisonnables.

— Alors mon **coucher de soleil**? rappela le petit prince qui jamais n'oubliait une question une fois qu'il l'avait posée.

— Ton coucher de soleil, tu l'auras. Je l'exigerai. Mais j'attendrai, dans ma science du gouvernement, que les conditions soient favorables.

— Quand ça sera-t-il? s'informa le petit prince.

지 청을 했다.

"저는 석양을 보길 원해요… 저를 행복하게 해주세요… 해가 지도록 명해 주세요……"

"만약 내가 한 장군에게 나비처럼 이 꽃에서 저 꽃으로 날아다니라고 명하거나, 또는 비극적인 드라마를 써 오라거나, 혹은 갈매기로 변해 보라 했는데, 만약 그 장군이 받은 명을 시행하지 않는다면, 그와 나 가운데 누가 잘못한 것이겠느냐?"

"당신이겠죠." 어린 왕자는 확고하게 대답했다.

"옳도다. 누구든 각자가 수행할 수 있는 것을 요구해야 한다." 왕이 답했다. "권위는 우선적으로 이성 위에 세워져야 한다. 만약 네가 네 백성들에게 바다로 가서 몸을 던지라고 한다면, 그들은 혁명을 일으킬 것이다. 내 명은 이성적이기에 따를 것을 요구할 권리를 가지는 것이다."

"그러면 제 석양은요?" 한번 물은 질문은 결코 잊는 법이 없는 어린 왕자가 다시 물었다.

"네 석양을, 너는 보게 될 것이다. 나는 요구할 것이다. 하지만 나는 내 통치술에 따라 조건이 양호해질 때까지 기다릴 테다."

"그것이 언제인가요?" 어린 왕자가 물었다.

– Hem! hem! lui répondit le roi, qui consulta d'abord un gros calendrier, hem! hem! ce sera, vers… vers… ce sera ce soir vers sept heures quarante! Et tu verras comme je suis bien obéi.

Le petit prince bâilla. Il regrettait son coucher de soleil manqué. Et puis il s'ennuyait déjà un peu:

– Je n'ai plus rien à faire ici, dit-il au roi. Je vais repartir!

– Ne pars pas, répondit le roi qui était si fier d'avoir un sujet. Ne pars pas, je te fais ministre!

– Ministre de quoi?

– De… de la justice!

– Mais il n'y a personne à juger!

– On ne sait pas, lui dit le roi. Je n'ai pas fait encore le tour de mon royaume. Je suis très vieux, je n'ai pas de place pour un carrosse, et ça me fatigue de marcher.

– Oh! Mais j'ai déjà vu, dit le petit prince qui se pencha pour jeter encore un coup d'œil sur l'autre côté de la planète. Il n'y a personne là-bas non plus…

"흠! 흠!" 우선적으로 큰 달력을 살핀 왕이 대답했다. "흠! 흠! 그것은 대략… 대략… 그것은 오늘 저녁 7시 40분경이 되겠군! 그리고 너는 내가 명했을 때 보게 될 게다."

어린 왕자는 하품을 했다. 그는 볼 수 있을 법했던 그의 석양이 아쉬웠다. 그러고 나서 그는 이미 좀 지루해졌다.

"저는 여기서 더 이상 할 일이 없네요." 그는 왕에게 말했다. "저는 다시 출발해야겠어요!"

"떠나지 말거라." 신하를 갖게 되어 매우 자랑스러웠던 왕이 대꾸했다. "떠나지 말거라, 나는 너를 장관으로 삼겠다."

"장관이라고요?"

"음… 재판을 하는!"

"하지만 여기는 재판할 사람도 없는데요!"

"누구도 모르는 일이다." 왕이 그에게 말했다. "나는 아직까지 내 왕국을 돌아보지 못했다. 나는 너무 늙었고, 마차를 위한 공간도 없고, 그리고 걷는 것은 나를 피곤하게 하지."

"아, 하지만 제가 이미 봤어요." 그 별의 다른 쪽을 다시 한번 보기 위해 시선을 던졌던 어린 왕자가 말했다. 거기에도 역시 아무도 없었는데…….

— Tu te jugeras donc toi-même, lui répondit le roi. C'est le plus difficile. Il est bien plus difficile de se juger soi-même que de juger autrui. Si tu réussis à bien te juger, c'est que tu es un véritable sage.

— Moi, dit le petit prince, je puis me juger moi-même n'importe où. Je n'ai pas besoin d'habiter ici.

— Hem! Hem! dit le roi, je crois bien que sur ma planète il y a quelque part un vieux rat. Je l'entends la nuit. Tu pourras juger ce vieux rat. Tu le condamneras à mort de temps en temps. Ainsi sa vie dépendra de ta justice. Mais tu le gracieras chaque fois pour l'économiser. Il n'y en a qu'un.

— Moi, répondit le petit prince, je n'aime pas condamner à mort, et je crois bien que je m'en vais.

— Non, dit le roi.

Mais le petit prince, ayant achevé ses préparatifs, ne voulut point peiner le vieux monarque:

— Si Votre Majesté désirait être obéie ponctuellement, elle pourrait me donner un ordre raisonnable. Elle pourrait m'ordonner, par exemple, de partir avant une minute. Il me

"너는 그러면 네 자신을 재판하거라." 왕이 대답했다. "그것이 무엇보다 가장 힘든 일이다. 남을 재판하는 것보다 자신을 재판하는 일은 정말 힘든 일이다. 만약 네가 너 자신을 올바로 재판하는 데 성공한다면, 너는 참으로 현명한 사람이다."

"저는…" 어린 왕자가 말했다. "저는 아무 데서나 제 자신을 재판할 수 있어요. 제가 여기서 살 필요까지는 없어요."

"흠! 흠!" 왕이 말했다. "나는 내 별 어딘가에 늙은 쥐가 있다고 믿는다. 밤에 그것의 소리를 들었거든. 너는 그 늙은 쥐를 재판할 수 있을 게다. 너는 때때로 사형을 선고할 수도 있을 게다. 그러니까 그의 삶은 네 판단에 의존하게 되는 거지. 하지만 너는 그때마다 그를 지키기 위해 특별사면을 내려야 하겠지. 이곳의 유일한 것이니."

"저는…" 어린 왕자는 대답했다. "저는 사형을 선고하는 걸 좋아하지 않아요. 그리고 이제 제가 떠나는 게 좋겠다고 믿어져요."

"안 된다." 왕이 말했다.

하지만 어린 왕자는, 떠날 채비를 끝냈지만, 늙은 군주가 괴로워하게 되는 점이 생기는 걸 원치 않았다. "만약 만인의 폐하께서 어김없이 복종하길 원하신다면, 제게 이성적인 명을 내려

semble que les conditions sont favorables…

Le roi n'ayant rien répondu, le petit prince hésita d'abord, puis, avec un soupir, prit le départ.

– Je te fais mon ambassadeur, se hâta alors de crier le roi.

Il avait un grand air d'autorité.

« Les grandes personnes sont bien étranges », se dit le petit prince, en lui-même, durant son voyage.

주시면 돼요. 제게 명하시는 거예요. 예컨대, 일 분 안에 떠나라고. 그것은 제게 적절한 조건으로 여겨져요."

왕이 답을 하지 않았기에, 어린 왕자는 우선 주저하다가, 한숨을 쉬고, 출발했다.

"나는 너를 대사로 임명하노라." 그때 왕이 급하게 소리쳤다.

잔뜩 권위 있는 태도였다.

'어른들은 정말 이상해.' 어린 왕자는 여행 중에 혼자 생각했다.

◆ Note ◆

번역은 원래 한 언어를 다른 언어로 바꾸는 것이기에 기본적으로 '의역'입니다. 그런데 우리의 번역은 그 '의역'의 범위를 확대해서 이상할 정도로 '해석'에 집착합니다. 한마디로 있는 그대로 옮기면 단정하고 의미 깊은 문장을 역자 임의로 해석해 어설픈 문장으로 만드는 데 익숙해 있는 것입니다.

이번 장의 첫 문장만 보아도 그 점은 극명히 드러납니다.

원문은 이렇게 되어 있습니다.

Il se trouvait dans la région des astéroïdes 325, 326, 327, 328, 329 et 330. Il commença donc par les visiter pour y chercher une occupation et pour s'instruire.

이것을 직역하면 어찌 될까요?

우선 여기서 두 문장의 주어는 Il임은 누구라도 알 수 있습니다. 또한 Il이 3인칭 단수를 의미하는 대명사라는 것 또한 알고 있습니다. 동사는 대명동사 se trouvait입니다. 이것의 보편적, 사전적 의미는 '자신을 발견하다' '어떤 상태에 있다' '존재하다', 곧, '있다'입니다.

따라서 직역하면,

그는 소행성 325, 326, 327, 328, 329, 그리고 330 일대에 있었다. 그는 따라서 일자리를 찾고 견문을 넓히기 위해 그것들을 방문하기 시작했다. (이정서 역)

가 됩니다.

그런데 이것을 우리 역자들은 이렇게 번역합니다.

어린 왕자의 별은 소행성 325호, 326호, 327호, 328호, 329호, 330호의 지역에 위치하고 있었다. 그래서 일거리도 구하고 무엇인가 배우기도 할 생각으로 우선 그 별들을 하나씩 찾아가보기 시작했다. (김** 역)

역자는 앞의 Il이 '어린 왕자의 별'을 가리키는 것으로 본 것인데, 그럼 왜 바로 뒤의 Il은 '그(어린 왕자)'로 보고 의역을 한 것일까요? 저 둘을 다른 것으로 봤다면, 엄연히 주어가 다르니 여기에서

'그'는 생략해서도 안 되는 것인데 빼버리면서 말입니다.

그야말로 억지인 것입니다. '그 별들을 하나씩 찾아가본다'는 표현도 원문에는 없습니다. 불필요한 설명인 것입니다.

다른 번역도 크게 다르지 않습니다.

그의 별은 소행성 325, 326, 327, 328, 329, 330과 같은 구역에 있었다. 그래서 그는 우선 그 별들을 방문하여 일자리도 찾아보고 견문도 넓히기로 했다. (황** 역)

이분 역시 앞의 Il을 '그의 별'이라고 의역했습니다. 뒤의 '그'는 살렸습니다. 왜 똑같은 대명사 Il을 다른 것으로 생각했을까요? 그러고는 우리말로 자연스럽게 연결되지 않자(원래 문장 중 하나라도 잘못 보면 번역 문장은 어색해질 수밖에 없습니다), '우선'이라는 원문에 있지도 않은 부사어를 넣고 뒤 문장의 동사, commença(시작하다)는 아예 생략한 것입니다.

이번 장에는 이런 대목도 나옵니다.

우주를 다스린다는 왕을 만나 대화를 해보고, 전혀 흥미를 느끼지 못한 어린 왕자가 이제 그만 떠나겠다고 하자 왕이 이렇게 제안합니다.

"떠나지 말거라, 나는 너를 장관으로 삼겠다."

– Ne pars pas, je te fais ministre!

그러자 어린 왕자가 되묻습니다.

– Ministre de quoi?

여기서 Ministre de quoi? 는 어떤 뉘앙스일까요?

역자들은 이것을 이렇게 번역했습니다.

"무슨 대신요?" (김** 역)

「무슨 대신이요?」 (황** 역)

그러자 왕은 이렇게 답합니다.

– De… de la justice!

「음…… 법무대신!」 (황** 역)

"에 또…… 사법대신이니라!" (김** 역)

번역만 보면 마치 이것은 어린 왕자가 왕에게 '어떤' 장관 자리
를 주겠느냐고 묻고 왕이 '법무대신' 자리를 주겠노라고 하고 있는
것처럼 보입니다.

역시 우리 '어른의 시각'이 개입된 번역이라 벌어진 현상인 것입

니다.

사실은, 평생 혼자 살아온 어린 왕자는 지금 '신하'나 '대신 Ministre'의 개념조차 모르는 것입니다. 그래서 처음 들어보는 말에 "장관이 뭐지?"라는 뉘앙스를 담아 되물은 것입니다. 우리말로는 "장관이라고요?"쯤이 될 터입니다.

그래야 뒤에 왕이 대답하고 어린 왕자가 되묻는 대화의 전체 맥락이 맞는 것입니다.

– Ne pars pas, répondit le roi qui était si fier d'avoir un sujet. Ne pars pas, je te fais ministre!

– Ministre de quoi?

– De… de la justice!

– Mais il n'y a personne à juger!

"떠나지 말거라, 나는 너를 장관으로 삼겠다."

"장관이라고요?"

"음… 재판을 하는!"

"하지만 여기는 재판할 사람도 없는데요!"

(이정서 역)

이것을 우리 번역은 이렇게 하고 있는 것입니다.

"가지 말라. 가지 말라. 너를 대신으로 삼겠노라!"

"무슨 대신요?"

"에 또…… 사법대신이니라!"

"하지만 판결을 받을 사람이 아무도 없는데요!"

(김＊＊ 역)

XI

La seconde planète était habitée par un vaniteux:

– Ah! Ah! Voilà la visite d'un admirateur! s'écria de loin le vaniteux dès qu'il aperçut le petit prince.

Car, pour les vaniteux, les autres hommes sont des admirateurs.

– Bonjour, dit le petit prince. Vous avez un **drôle** de chapeau.

– C'est pour saluer, lui répondit le vaniteux. C'est pour saluer quand on m'acclame. Malheureusement il ne passe jamais personne par ici.

– Ah oui? dit le petit prince qui ne comprit pas.

– Frappe tes mains l'une contre l'autre, conseilla donc le vaniteux.

Le petit prince frappa ses mains l'une contre l'autre. Le vaniteux salua modestement en soulevant son chapeau.

11

두 번째 별에는 교만한 사람이 살고 있었다.

"아! 아! 찬미자의 방문을 받는구나!" 그는 어린 왕자를 보자마자 멀리서부터 소리를 질렀다.

왜냐하면, 교만한 사람에게는 다른 모든 사람들이 찬미자였기 때문이다.

"좋은 아침이네요." 어린 왕자가 말했다. "당신은 재미있는 모자를 쓰고 있군요."

"이건 경례를 위한 거야." 교만한 사람이 대답했다.

"내가 갈채를 받을 때 경례를 하지. 불행하게도 여기를 지나는 사람이 한 사람도 없었지만."

"아, 그래요?" 이해하지 못한 어린 왕자가 말했다.

"두 손을 서로 마주쳐 보렴." 교만한 사람이 권고했다.

어린 왕자는 두 손을 서로 마주쳤다. 교만한 사람이 겸손하게 그의 모자를 들어 올려 경례했다.

« Ça c'est plus amusant que la visite au roi », se dit en lui-même le petit prince. Et il recommença de frapper ses mains l'une contre l'autre. Le vaniteux recommença de saluer en soulevant son chapeau.

　'이건 그 왕을 방문했을 때보다 훨씬 흥미로운데.' 어린 왕자는 그 자신에게 말했다. 그리고 그는 두 손을 다시 마주치기 시작했다. 교만한 사람이 그의 모자를 들어 올리며, 경례를 시작했다.

Après cinq minutes d'exercice le petit prince se fatigua de la monotonie du jeu:

— Et, pour que le chapeau tombe, demanda-t-il, que faut-il faire?

Mais le vaniteux ne l'entendit pas. Les vaniteux n'entendent jamais que les louanges.

— Est-ce que tu m'admires vraiment beaucoup? demanda-t-il au petit prince.

— Qu'est-ce que signifie admirer?

— Admirer signifie reconnaître que je suis l'homme le plus beau, le mieux habillé, le plus riche et le plus intelligent de la planète.

— Mais tu es seul sur ta planète!

— Fais-moi ce plaisir. Admire-moi quand même!

— Je t'admire, dit le petit prince, en haussant un peu les épaules, mais en quoi cela peut-il bien t'intéresser?

Et le petit prince s'en fut.

« Les grandes personnes sont décidément bien bizarres », se dit-il simplement en lui-même durant son voyage.

5분을 행한 후에 어린 왕자는 그 게임의 단조로움에 싫증이 났다.

"그런데, 그 모자를 내려뜨리게 하려면… 무엇을 해야 하나요?"

그러나 그 교만한 사람은 그 말을 듣지 않았다. 교만한 사람들은 결코 칭송밖에는 듣지 않는 것이다.

"너는 정말 나를 찬미하니?" 그가 어린 왕자에게 물었다.

"찬미한다는 의미가 뭔가요?"

"찬미한다는 의미는 내가 이 별에서 가장 잘생기고, 가장 옷을 잘 입고, 가장 부자이면서 지적이라는 걸 인정한다는 뜻이지."

"하지만 당신 별엔 오직 당신뿐이 없는데!"

"나를 기쁘게 해주렴. 아무튼 나를 찬미해 주렴!"

"나는 당신을 찬미해요." 어린 왕자가 어깨를 살짝 추켜세우면서 말했다. "하지만 그게 어떻게 당신의 흥미를 끄는 거죠?"

그리고 어린 왕자는 떠나갔다.

'어른들은 정말이지 이상해.' 그는 여행 중에 속으로 단순하게 생각했다.

어린 왕자가 자기 별을 떠나 두 번째 찾은 별에는 교만한 사람이 살고 있습니다.

그 교만한 사람은 모든 사람들로부터 칭송받길 원하는 사람입니다. 그는 사람들이 자신을 알아봐 주길 바라고 누군가 알고 인사를 해주면 모자를 벗어 인사를 합니다. 외면상으로 매우 정중한 척, 신사다운 척하는 것입니다.

그 단순한 일jeu의 본질을 깨달은 어린 왕자는 이렇게 묻습니다.

"그런데, 그 모자를 내려뜨리게 하려면… 어떻게 해야 하나요?"
(이정서 역)

– Et, pour que le chapeau tombe, demanda-t-il, que faut-il faire?

이것을 기존 번역들은 이렇게 하였습니다.

「그런데 모자를 떨어뜨리려면 어떻게 해야 하나요?」 (황＊＊ 역)

"그 모자가 땅에 떨어지게 하려면 어떻게 해야 하나요?" (김★★ 역)

tombe(tomber)는 '떨어지다'라는 의미의 동사변형으로 두 역자는 여기서는 평소와는 달리 그야말로 가장 기본적인 의미 그대로 직역을 한 셈입니다. 그런데 과연 tombe가 '떨어지다'는 의미로 쓰였을까요? 달리 물으면 저 문장이 자연스러운가요? 하나의 단어는 여러 의미를 담고 있습니다. 번역이 어려운 것은 그래서일 것입니다. 그렇더라도 맞는 의미는 반드시 존재하는 것입니다. 앞뒤 문맥상 그것을 유추하는 일은 어려운 일이 아닙니다. 그래서 직역이 가능한 것일 터입니다.

한 역자는 원문에 있지도 않은 '땅에'라는 말까지 만들어 넣어서 저 의미를 강화시키고 있습니다. 모자를 '땅에 떨어뜨린다'라는 말이 과연 이 맥락에서 말이 될까요? 여기서의 의미는 모자를 완전히 벗은 채 있게 하려면 어찌하면 되느냐는 의미인 것입니다. 그러니, 그냥 '내려뜨리다' '늘어뜨리다' 정도의 의미가 될 터입니다.

XII

La planète suivante était habitée par un buveur. Cette visite fut très courte, mais elle plongea le petit prince dans une grande mélancolie:

– Que fais-tu là? dit-il au buveur, qu'il trouva installé en silence devant une collection de bouteilles vides et une collection de bouteilles pleines.

12

다음 별에는 술꾼이 살고 있었다. 이 방문은 아주 짧았지만, 어린 왕자를 깊은 쓸쓸함에 빠뜨렸다.

"여기서 뭐 하고 있어?" 빈 병과 채워진 술병 더미 앞에서 말없이 자리 잡고 있는 술꾼에게 그가 말했다.

— Je bois, répondit le buveur, d'un air lugubre.

— Pourquoi bois-tu? lui demanda le petit prince.

— Pour oublier, répondit le buveur.

— Pour oublier quoi? s'enquit le petit prince qui déjà le plaignait.

— Pour oublier que j'ai honte, avoua le buveur en baissant la tête.

— Honte de quoi? s'informa le petit prince qui désirait le secourir.

— Honte de boire! acheva le buveur qui s'enferma définitivement dans le silence.

Et le petit prince s'en fut, perplexe.

« Les grandes personnes sont décidément très très bizarres », se disait-il en lui-même durant le voyage.

"술 마신단다." 침울한 분위기로, 술꾼이 대답했다.

"무엇 때문에 마셔?" 어린 왕자가 물었다.

"잊기 위해서지." 술꾼이 대답했다.

"무얼 잊어?" 이미 동정심이 인 어린 왕자가 물었다.

"내가 부끄럽다는 걸 잊기 위해서지." 술꾼은 고개를 떨구며 고백했다.

"무엇이 부끄러운데?" 그를 돕길 원했던 어린 왕자가 캐물었다.

"술 마시는 게 부끄러워!" 말을 마치고 난 술꾼은 마침내 침묵했다.

그리고 어린 왕자는 난감해하며 떠났다.

'어른들은 확실히 너무 이상해.' 그는 여행 중에 혼자 말했다.

◆ Note ◆

불어의 높임말과 낮춤말에 대해서는 앞에 설명했습니다. 보통 tu와 vous를 통해 명백히 구분하는 것입니다. 아무튼 어린 왕자는 술꾼에게 처음부터 반말을 합니다. 그렇다는 것은 문장 속에 tu를 통해 알 수 있습니다. 어린 왕자는 술꾼을 보고 이렇게 묻습니다.

-Que fais-tu là?
"여기서 뭐 하고 있어?" (이정서 역)

술꾼이 술을 마시고 있다고 하자, 다시 묻습니다.

-Pourquoi bois-tu?
"무엇 때문에 마셔?" (이정서 역)

보다시피 여기서 작가는 tu를 쓰고 있고, 이건 어린애가 어른에게 반말을 하고 있는 것입니다. 여기에는 사실 상당히 철학적인 의미가 함유되어 있는 듯합니다. 어른이니까 무조건 존대를 해야 한다는 동양적 사고, '어른'의 사고를 깨고 있는 것이기도 하거니와, 아이이니까, 아이가 엄마나 할머니 할아버지에게 말을 놓듯 자연스러운 순진함을 드러내고 있다고 볼 수도 있습니다. 아무튼 어린 왕자는 이 술꾼에게 처음부터 끝까지 tu를 사용합니다.

그런데 우리 역자들은 여기서 어린 왕자가 존대를 하는 것으로 번역합니다.

「거기서 뭘 하고 계시죠?」 빈 병 한 무더기와 가득 찬 병 한 무더기를 앞에 놓고 말없이 앉아 있는 술꾼을 보고 어린 왕자는 물었다.

「마시고 있다.」 술꾼은 침울한 표정으로 대답했다.

「왜 마셔요?」 어린 왕자가 물었다.

「잊으려고.」 술꾼이 대답했다.

「무얼 잊어요?」 어린 왕자는 벌써 그를 불쌍하게 여기며 캐물었다.

「내가 부끄러운 놈이란 걸 잊기 위해서.」 술꾼은 고개를 떨어뜨리며 털어놓았다. (황** 역)

"뭘 하고 계시는 거예요?" 빈 술병 한 무더기와 가득 찬 술병 한

181

무더기를 앞에 늘어놓고 우두커니 앉아 있는 술꾼을 보고 어린 왕자가 물었다.

"술 마시지." 침울한 표정으로 술꾼이 대답했다.

"술은 왜 마셔요?" 어린 왕자가 그에게 물었다. (김** 역)

어른과 아이가 나누는 대화니 당연히 아이의 말을 높이고 어른의 말은 낮추는 게 옳다고 여기는 '어른'의 인식이 반영된 의역인 것입니다.

그렇다면 영역자는 이것을 어찌 했을까요?

"What are you doing there?" he said to the tippler, whom he found settled down in silence before a collection of empty bottles and also a collection of full bottles.

"I am drinking," replied the tippler, with a lugubrious air.

"Why are you drinking?" demanded the little prince.

"So that I may forget," replied the tippler.

(캐서린 우즈 역)

당연히 영역으로는 낮춤말인지 높임말인지 구분이 안 되는 것입니다. 그러나 이번 장에는 앞서와 달리, '정중한polite'이나 '겸손한modest', '죄송합니다I beg your pardon' 같은 표현도 없어 높임말의 분위기를 찾을 수 있는 단어는 없다는 사실도 눈여겨볼 만합니다.

XIII

La quatrième planète était celle du businessman. Cet homme était si occupé qu'il ne leva même pas la tête à l'arrivée du petit prince.

– Bonjour, lui dit celui-ci. **Votre cigarette est éteinte**.

– Trois et deux font cinq. Cinq et sept douze. Douze et trois quinze. Bonjour. Quinze et sept vingt-deux. Vingt-deux et six vingt-huit. Pas le temps de la rallumer. Vingt-six et cinq trente et un. Ouf! Ça fait donc cinq cent un millions six cent vingt-deux mille sept cent trente et un.

– Cinq cents millions de quoi?

– Hein? Tu es toujours là? Cinq cent un millions de… je ne sais plus… J'ai tellement de travail! Je suis **sérieux**, moi, je ne m'amuse pas à des balivernes! Deux et cinq sept…

– Cinq cent un millions de quoi? répéta le petit prince qui

13

네 번째 별은 사업가의 것이었다. 이 사람은 얼마나 바쁜지 어린 왕자가 도착했을 때 심지어 고개조차 들지 못했다.

"좋은 아침이네요." 그에게 이 사람이 말했다. 당신의 담배가 꺼져 있어요.

"셋 더하기 둘은 다섯. 다섯 더하기 일곱은 열둘. 열둘 더하기 셋은 열다섯. 안녕. 열다섯 더하기 일곱은 스물둘. 스물둘 더하기 여섯은 스물여덟. 다시 불을 붙일 시간도 없구나. 스물여섯 더하기 다섯은 서른하나. 휴! 그러니까 오억 일백육십이만 이천칠백삼십일이 되는군."

"뭐가 오억이에요?"

"응? 너 아직 거기 있었니? 오억 일백만… 모르겠다… 나는 할 일이 너무 많아! 나는 진지해, 허튼 소리로 헛되이 시간을 낭비하지 않아. 둘 그리고 다섯은 일곱……"

"뭐가 오억 일백만인데요?" 살면서 한번 물은 질문은 결코

185

jamais de sa vie, n'avait renoncé à une question, une fois qu'il l'avait posée.

Le businessman leva la tête:

– Depuis cinquante-quatre ans que j'habite cette planète-ci, je n'ai été dérangé que trois fois. La première fois ç'a été, il y a vingt-deux ans, par un hanneton qui était tombé Dieu sait d'où. Il répandait un bruit épouvantable, et j'ai fait quatre erreurs dans une addition. La seconde fois ç'a été, il y a onze ans, par une crise de rhumatisme. Je manque d'exercice. Je n'ai pas le

포기하는 법이 없는 어린 왕자가 되풀이해서 물었다.

　사업가가 고개를 들었다.

　"54년간 이 별에서 사는 동안, 나는 오직 세 번 방해를 받았었단다. 첫 번째는 22년 전으로, 신만이 알고 있는 곳으로부터 풍뎅이 한 마리가 떨어졌을 때였는데, 끔찍한 소음을 퍼뜨려서 계산을 네 개나 틀렸단다. 두 번째는 11년 전, 류머티즘의 공격을 받았을 때지. 나는 운동이 부족했거든. 한가로이 거닐 시간이 없었으니까 말야. 나는 진지하지. 세 번째는… 바로 지금인 거야! 그러니까 내가 오억 일백만이라 했지……."

temps de flâner. Je suis **sérieux**, moi. La troisième fois... la voici! Je disais donc cinq cent un millions…

– Millions de quoi?

Le businessman comprit qu'il n'était point d'espoir de paix:

– Millions de ces petites choses que l'on voit quelquefois dans le ciel.

– Des mouches?

– Mais non, des petites choses qui brillent.

– Des abeilles?

– Mais non. Des petites choses dorées qui font rêvasser les fainéants. Mais je suis sérieux, moi! Je n'ai pas le temps de rêvasser.

– Ah! des étoiles?

– C'est bien ça. Des étoiles.

– Et que fais-tu de cinq cents millions d'étoiles?

– Cinq cent un millions six cent vingt-deux mille sept cent trente et un. Je suis sérieux, moi, je suis précis.

– Et que fais-tu de ces étoiles?

– Ce que j'en fais?

"뭐가 억인데요?"

사업가는 불현듯 그의 평화를 찾을 희망이 없다는 것을 깨달았다.

"가끔 하늘에 보이는 수백만 개의 저 작은 것들."

"파리?"

"오, 아니. 작게 빛나는 것들."

"벌?"

"천만에. 게으름뱅이들을 몽상에 잠기게 하는 금빛 작은 것들 말이다. 하지만 나는 진지해! 나는 몽상이나 하고 있을 시간은 없거든."

"아하! 별들 말이야!"

"그래, 그거야. 별들."

"오억 개의 별들로 뭘 하는데?"

"오억 일백육십이만 이천칠백삼십일 개야. 나는 진지해, 나는, 나는 정확하지."

"그러니까 당신은 그 별들로 무엇을 하냐고?"

"내가 무엇을 하냐고?"

– Oui.

– Rien. Je les possède.

– Tu possèdes les étoiles?

– Oui.

– Mais j'ai déjà vu un roi qui…

– Les rois ne possèdent pas. Ils « règnent » sur. C'est très différent.

– Et à quoi cela te sert-il de posséder les étoiles?

– Ça me sert à être riche.

– Et à quoi cela te sert-il d'être riche?

– À acheter d'autres étoiles, si quelqu'un en trouve.

« Celui-là, se dit en lui-même le petit prince, il raisonne un peu comme mon ivrogne. »

Cependant il posa encore des questions:

– Comment peut-on posséder les étoiles?

– À qui sont-elles? riposta, grincheux, le businessman.

– Je ne sais pas. À personne.

– Alors elles sont à moi, car j'y ai pensé le premier.

"응."

"아무것도. 나는 그것들을 소유해."

"당신이 별들을 소유한다고?"

"그래."

"하지만 나는 이미 한 왕을 봤었는데……."

"왕은 소유하는 게 아니다. 그들은 '통치'하지. 그건 아주 다른 거다."

"그럼 별들을 소유하면 무슨 도움이 되는 거야?"

"그건 나를 부자로 만들어 주지."

"그럼 당신이 부자가 되면 무슨 도움이 있어?"

"다른 사람들의 별들을 사는 거야, 만약 누군가가 발견하면 말이야."

'이 사람도 생각하는 게 내가 아는 술꾼과 비슷하구나.' 어린 왕자는 자신에게 말했다.

그럼에도 그는 여전히 질문을 더했다.

"사람들은 별을 어떻게 소유하는 거야?"

"그것들은 누구에게 속해 있지?" 사업가는, 까다롭게 되물었다.

"모르겠는데. 누구에게도 속해 있지 않지."

"그러니 그들은 내 거인 거야. 내가 처음으로 생각한 거니까."

– Ça suffit?

– Bien sûr. Quand tu trouves un diamant qui n'est à personne, il est à toi. Quand tu trouves une île qui n'est à personne, elle est à toi. Quand tu as une idée le premier, tu la fais breveter: elle est à toi. Et moi je possède les étoiles, puisque jamais personne avant moi n'a songé à les posséder.

– Ça c'est vrai, dit le petit prince. Et qu'en fais-tu?

– Je les gère. Je les compte et je les recompte, dit le businessman. C'est difficile. Mais je suis un homme sérieux!

Le petit prince n'était pas satisfait encore.

– Moi, si je possède un foulard, je puis le mettre autour de mon cou et l'emporter. Moi, si je possède une fleur, je puis cueillir ma fleur et l'emporter. Mais tu ne peux pas cueillir les étoiles!

– Non, mais je puis les placer en banque.

– Qu'est-ce que ça veut dire?

"그거로 충분한 거야?"

"물론이지. 네가 누구에게도 속해 있지 않은 다이아몬드를 발견했을 때, 그것은 네 거잖아. 네가 누구에게도 속해 있지 않은 섬을 발견했을 때, 그건 네 거잖아. 네가 처음으로 생각해 낸 거라면 너는 특허를 낼 거잖아. 그건 네 거니까. 그러니까 나는 그 별들을 소유한 거야. 그것들을 소유하겠다는 생각을 나 이전에 결코 아무도 하지 않았으니까."

"그건 사실이네." 어린 왕자가 말했다. "그러면 그걸로 뭘 할 건데?"

"나는 관리하지. 나는 그것들을 세어 보고, 또 세어 보지." 사업가가 말했다. "그건 힘든 일이야. 하지만 나는 진지한 사람이니까!"

어린 왕자는 아직도 만족하지 못했다.

"내가, 만일 내가 머플러를 소유했다면, 나는 그것을 내 목에 두르고 다닐 수 있을 거야. 내가, 만일 내가 꽃을 소유했다면, 나는 내 꽃을 따서 가지고 다닐 수도 있을 거야. 하지만 당신은 별을 딸 수도 없잖아!"

"아니. 하지만 나는 그것들을 은행에 넣을 수 있지."

"그게 무슨 뜻이야?"

— Ça veut dire que j'écris sur un petit papier le nombre de mes étoiles. Et puis j'enferme à clef ce papier-là dans un tiroir.

— Et c'est tout?

— Ça suffit!

« C'est amusant, pensa le petit prince. C'est assez poétique. Mais ce n'est pas très sérieux. »

Le petit prince avait sur les choses sérieuses des idées très différentes des idées des grandes personnes.

— Moi, dit-il encore, je possède une fleur que j'arrose tous les jours. Je possède trois volcans que je ramone toutes les semaines. Car je ramone aussi celui qui est éteint. On ne sait jamais. C'est utile à mes volcans, et c'est utile à ma fleur, que je les possède. Mais tu n'es pas utile aux étoiles…

Le businessman ouvrit la bouche mais ne trouva rien à répondre, et le petit prince s'en fut.

« Les grandes personnes sont décidément tout à fait extraordinaires », se disait-il simplement en lui-même durant le voyage.

"그건 조그만 종이에 내 별들의 숫자를 적어 둔다는 의미야. 그러고 나서 나는 그 종이를 서랍 안에 넣고 잠가 두는 거지."

"그게 전부야?"

"그걸로 충분하지!"

'그건 재미있는데.' 어린 왕자는 생각했다. '꽤 시적이야. 하지만 그건 그닥 진지한 건, 아니잖아.'

어린 왕자는 진지한 것들에 대해 어른들과는 매우 다른 생각을 가지고 있었다.

"나는," 그가 다시 말했다. "나는 매일 물을 주는 꽃을 하나 소유하고 있어. 나는 화산 세 개도 가지고 있는데 매주 한 번 청소를 해줘. 사화산 하나도 역시 청소를 해. 결코 알 수 없는 일이기 때문이야. 그것은 화산들에게 유익해. 그리고 꽃에게도 유익해. 내가 그들을 소유하고 있기 때문이야. 하지만 당신은 별들에게 유익하지 않잖아……."

사업가는 그의 입을 열긴 했지만 답할 말을 한 마디도 찾지 못했고, 어린 왕자는 떠났다.

'어른들은 확실히 정말 특이해.' 그는 여행을 하면서 단순하게 말했다.

◆ **Note** ◆

이 장에서는 어린 왕자의 어투부터 정리하고 가야 할 것 같습니다. 무슨 소리인가 하면 어린 왕자는 사업가를 만나, 처음에는 존대를 하다가 자연스럽게 반말을 씁니다.

처음에는 vous를 쓰고 나중에는 자연스럽게 tu를 쓰는 것인데, 사막에서 '나'를 만났을 때와 똑같은 형식인 것입니다.

어린 왕자는 처음에 이렇게 말합니다.

– Bonjour, lui dit celui-ci. **Votre cigarette est éteinte**.
"좋은 아침이네요." 그에게 이 사람(어린 왕자)이 말했다. 당신의 담배가 꺼져 있어요. (이정서 역)

Votre는 2인칭 Vous의 소유격입니다. 그리고 어느 순간부터 tu를 쓰는 것입니다.

– Et que fais-tu de cinq cents millions d'étoiles?
"오억 개의 별들로 뭘 하는데?" (이정서 역)

196

– Ça c'est vrai, dit le petit prince. Et qu'en fais-tu?

"그건 사실이네." 어린 왕자가 말했다. "그러면 그걸로 뭘 할 건데?" (이정서 역)

– Moi, si je possède un foulard, je puis le mettre autour de mon cou et l'emporter. Moi, si je possède une fleur, je puis cueillir ma fleur et l'emporter. Mais tu ne peux pas cueillir les étoiles!

"내가, 만일 내가 머플러를 소유했다면, 나는 그것을 내 목에 두르고 다닐 수 있을 거야. 내가, 만일 내가 꽃을 소유했다면, 나는 내 꽃을 따서 가지고 다닐 수도 있을 거야. 하지만 당신은 별을 딸 수도 없잖아!" (이정서 역)

이것을 우리 역자들은 처음부터 끝까지 존대로 이렇게 의역하고 있습니다.

"나는 말이에요, 목도리를 가지고 있으면 그걸 목에 두르고 다닐 수가 있어요. 또 꽃을 가지고 있으면 그걸 꺾어서 어디든지 가지고 다닐 수도 있어요. 그렇지만 아저씨는 별을 딸 수가 없잖아요!" (김** 역)

197

「내가 머플러를 하나 가졌다면 나는 그걸 목에 감고 다닐 수 있어요. 내가 꽃을 하나 가졌다면 그걸 꺾어 가지고 다닐 수 있어요. 그러나 아저씨는 별들을 딸 수 없잖아요.」 (황** 역)

비행기 조종사인 나와 어린 왕자가 나누는 대화 때하고는 정반대인 것입니다. 역자들은 그곳에서는 tu와 vous 구분 없이 처음부터 끝까지 반말로 번역했으니까요.

한편, 이 장에서 눈여겨보고 지나가야 할 단어가 하나 있습니다. 그것은 바로 sérieux입니다. 이것은 뒤의 여러 장에서도 같은 뜻으로 여러 번 쓰입니다. 다시 말해 이 작품 속에서는 한 의미로 긴밀하게 연결되어 있다는 사실입니다.

이 장에서만도 '나는 진지하다Je suis **sérieux**,'라는 형태로 6번이나 쓰이고 있는데 이것은 곧 시간적 순서상 나중에 비행기 조종사와의 대화에 연결되는 것입니다.

앞서 지나온 7장입니다.

– Mais non! Mais non! Je ne crois rien! J'ai répondu n'importe quoi. Je m'occupe, moi, de choses **sérieuses**!

Il me regarda stupéfait.

– De choses **sérieuses**!

"아니야! 그렇지 않아! 나는 어떤 것도 믿지 않아! 내가 뭐라고 대답해야 할지 모르겠구나. 나는 바쁘단다, 내게는, **진지한** 문제야!"

그는 깜짝 놀라서 나를 바라보았다.

"**진지한** 문제라고?" (이정서 역)

이것을 지금 인용하고 있는 두 분의 역자는 이렇게 번역하고 있었던 것입니다.

"그만 해둬! 그만! 난 아무 생각도 안 해! 난 아무렇게나 대답했을 뿐이야. 나에겐 지금 **중요한** 일이 있어!"

어린 왕자는 어이가 없다는 듯이 나를 쳐다보았다.

"**심각한** 일이라고!" (김** 역)

「아니야! 아니야! 난 아무 생각도 없어! 아무렇게나 대답한 거야. 나는, 나는 말이야, **중요한** 일을 하느라고 바쁘단 말이야!"

그는 깜짝 놀라 나를 노려보았다.

「**중요한** 일이라고!」 (황** 역)

199

지금 한 분은 sérieux 한 단어를 두고 이곳저곳에서 다른 의미로 해석을 하고 있는 것입니다. 이런 번역으로 원래 작가의 의도가 전달될 수 없을 것은 두말할 필요가 없는 것입니다. 다른 한 분도 인용한 7장에서는 '중요하다'라는 의미 하나로 통일하고 있는 듯하지만 정작 여기 13장에서는 '중요한' '착실한' '중대한' 등 역시 역자 임의로 의역하고 있는 것을 볼 수 있습니다. 이렇듯 그것이 무엇이 되었든, 작가가 문장 속에 선택하는 하나의 단어는 그 나름 고유의 성격을 가지고 있는 것입니다. 그것을 번역이라고 해서 이렇게 해도 되고 저렇게 해도 된다고 생각하는 것은 정말이지 잘못된 생각입니다. 그것도 아주 오래된……

영역자 캐서린 우즈는 어떻게 하고 있을까요?

Je suis sérieux, moi, je ne m'amuse pas à des balivernes!
I am concerned with matters of consequence. I don't amuse myself with balderdash. (캐서린 우즈 역)

– Mais non. Des petites choses dorées qui font rêvasser les fainéants. Mais je suis **sérieux**, moi! Je n'ai pas le temps de rêvasser.

"Oh, no. Little golden objects that set lazy men to idle dreaming. As for me, I am **concerned with matters of consequence**. There is no time for idle dreaming in my life."

(캐서린 우즈 역)

7장은 이렇게 합니다.

– Mais non! Mais non! Je ne crois rien! J'ai répondu n'importe quoi. Je m'occupe, moi, de choses sérieuses!

Il me regarda stupéfait.

– De choses sérieuses!

"Oh, no!" I cried. "No, no, no! I don't believe anything. I answered you with the first thing that came into my head. Don't you see-- I am very busy **with matters of consequence!**"

He stared at me, thunderstruck.

"Matters of consequence!" (캐서린 우즈 역)

XIV

La cinquième planète était très curieuse. C'était la plus petite de toutes. Il y avait là juste assez de place pour loger un réverbère et **un allumeur de réverbères**. Le petit prince ne parvenait pas à s'expliquer à quoi pouvaient servir, quelque part dans le ciel, sur une planète sans maison, ni population, un réverbère et un allumeur de réverbères. Cependant il se dit en lui-même:

« Peut-être bien que cet homme est absurde. Cependant il est moins absurde que le roi, que le vaniteux, que le businessman et que le buveur. Au moins son travail a-t-il un sens. Quand il allume son réverbère, c'est comme s'il faisait naître une étoile de plus, ou une fleur. Quand il éteint son réverbère, ça endort la fleur ou l'étoile. C'est une occupation très jolie. C'est véritablement utile puisque c'est joli. »

Lorsqu'il aborda la planète il salua respectueusement l'allumeur:

14

다섯 번째 별은 매우 호기심이 갔다. 그 모든 별들 가운데서도 가장 작았다. 그곳은 단지 가로등 하나와 가로등지기 한 명이 있기에도 빠듯한 공간이었다. 어린 왕자는 하늘 어딘가에, 집도 사람도 없는 별 하나에 가로등과 가로등지기가 무슨 소용이 있는지 이해하기 힘들었다. 그럼에도 불구하고 그는 혼자 생각했다.

'어쩌면 이 사람은 우스꽝스러운 사람일지도 몰라. 하지만 왕이나, 교만한 사람, 사업가, 그리고 술꾼보다는 덜 우스꽝스러울 거야. 적어도 그의 일은 의미가 있으니까. 그가 그의 등을 밝혔을 때 그것은 마치 하나의 꽃이나 별을 만들어 내는 것과 같아. 그가 그의 등을 끄는 것은, 꽃이나 별을 잠재우는 거야. 이건 매우 멋진 직업이야. 이건 정말 멋지기 때문에 유익한 거야.'

그는 그 별에 도착했을 때 가로등지기에게 깍듯이 인사했다.

– Bonjour. Pourquoi viens-tu d'éteindre ton réverbère?

– C'est la consigne, répondit l'allumeur. Bonjour.

– Qu'est-ce que la consigne?

– C'est d'éteindre mon réverbère. Bonsoir.

Et il le ralluma.

– Mais pourquoi viens-tu de le rallumer?

– C'est la consigne, répondit l'allumeur.

– Je ne comprends pas, dit le petit prince.

– Il n'y a rien à comprendre, dit l'allumeur. La consigne c'est la consigne. Bonjour.

Et il éteignit son réverbère.

Puis il s'épongea le front avec un mouchoir à carreaux rouges.

– Je fais là un métier terrible. C'était raisonnable autrefois. J'éteignais le matin et j'allumais le soir. J'avais le reste du jour pour me reposer, et le reste de la nuit pour dormir…

– Et, depuis cette époque, la consigne a changé?

– La consigne n'a pas changé, dit l'allumeur. C'est bien là le drame! La planète d'année en année a tourné de plus en plus vite, et la consigne n'a pas changé!

"좋은 아침. 왜 당신은 방금 당신 등을 끈 거야?"

"그것이 지시야." 가로등지기는 대답했다. "좋은 아침."

"지시가 뭐야?"

"내 가로등을 끄라는 거지. 좋은 밤."

그리고 그는 다시 켰다.

"그런데 왜 다시 켠 거야?"

"그것이 지시라니까." 가로등지기는 대답했다.

"이해할 수 없네." 어린 왕자가 말했다.

"이해해야 할 것은 아무것도 없어." 가로등지기가 말했다.

"지시는 지시인 거야. 좋은 아침."

그리고 그는 그의 등을 껐다.

그러고 나서 그는 붉은 격자무늬 손수건으로 이마를 닦았다.

"나는 곤란한 일을 이어가고 있지. 한때는 합리적이었어. 나는 아침이면 불을 껐고, 저녁이면 불을 켰었어. 낮의 나머지는 휴식을 취했고, 밤의 나머지는 잠을 잤었지……."

"그때 이후 지시가 바뀌었나?"

"지시는 바뀌지 않았어." 가로등지기가 말했다. "그게 비극인 거야! 별은 해마다 점점 더 빨리 돌았고, 지시는 바뀌지 않았던 거야!"

Je fais là un métier terrible.

나는 곤란한 일을 이어가고 있지.

– Alors? dit le petit prince.

– Alors maintenant qu'elle fait un tour par minute, je n'ai plus une seconde de repos. J'allume et j'éteins une fois par minute!

– Ça c'est drôle! Les jours chez toi durent une minute!

– Ce n'est pas drôle du tout, dit l'allumeur. Ça fait déjà un mois que nous parlons ensemble.

– Un mois?

– Oui. Trente minutes. Trente jours! Bonsoir.

Et il ralluma son réverbère.

Le petit prince le regarda et il aima cet allumeur qui était tellement fidèle à la consigne. Il se souvint des couchers de soleil que lui-même allait autrefois chercher, en tirant sa chaise. Il voulut aider son ami:

– Tu sais… je connais un moyen de te reposer quand tu voudras…

– Je veux toujours, dit l'allumeur.

Car on peut être, à la fois, fidèle et paresseux.

Le petit prince poursuivit:

– Ta planète est tellement petite que tu en fais le tour en trois

"그래서?" 어린 왕자가 말했다.

"그래서 이제 별은 매분마다 한 바퀴를 돌고, 나는 더 이상 한 순간도 쉴 수 없는 거지. 일 분에 한번씩 등을 켰다 꺼야 하니까!"

"그거 재밌다! 당신 별에서는 하루가 일 분이라니!"

"이건 결코 재미있는 게 아니야." 가로등지기가 말했다. "우리가 함께 이야기하는 동안 벌써 한 달이 흐른 거야."

"한 달?"

"그래. 30분. 30일! 좋은 밤."

그리고 그는 자신의 등을 밝혔다.

어린 왕자는 그를 보면서 지시에 그토록 충실한 이 가로등지기를 좋아하게 되었다. 그는 한때 혼자서 지는 해를 보기 위해 의자를 끌어당기던 일을 떠올렸다. 그는 자신의 친구를 돕고 싶었다.

"있잖아… 나는 당신이 원할 때면 쉴 수 있는 방법을 아는데……"

"나는 항상 원하지." 가로등지기가 말했다.

왜냐하면 누구나, 동시에, 충실하면서 게으를 수 있으니까.

어린 왕자가 계속했다.

"당신 별은 세 걸음이면 한 바퀴를 돌 만큼 너무 작아. 당신

enjambées. Tu n'as qu'à marcher assez lentement pour rester toujours au soleil. Quand tu voudras te reposer tu marcheras… et le jour durera aussi longtemps que tu voudras.

— Ça ne m'avance pas à grand'chose, dit l'allumeur. Ce que j'aime dans la vie, c'est dormir.

— Ce n'est pas de chance, dit le petit prince.

— Ce n'est pas de chance, dit l'allumeur. Bonjour.

Et il éteignit son réverbère.

« Celui-là, se dit le petit prince, tandis qu'il poursuivait plus loin son voyage, celui-là serait méprisé par tous les autres, par le roi, par le vaniteux, par le buveur, par le businessman. Cependant c'est le seul qui ne me paraisse pas ridicule. C'est, peut-être, parce qu'il s'occupe d'autre chose que de soi-même. »

Il eut un soupir de regret et se dit encore:

« Celui-là est le seul dont j'eusse pu faire mon ami. Mais sa planète est vraiment trop petite. Il n'y a pas de place pour deux… »

Ce que le petit prince n'osait pas s'avouer, c'est qu'il regrettait cette planète bénie à cause, surtout, des mille quatre cent quarante couchers de soleil par vingt-quatre heures!

이 언제나 태양 안에 머물고 싶으면 단지 천천히 걷기만 하면 돼. 쉬고 싶을 때 당신은 걷는 거야… 그러면 낮은 원하는 만큼 지속될 거야."

"그건 내게 그리 보탬이 될 것 같지 않은데." 가로등지기가 말했다. "생활 속에서 내가 좋아하는 것은 잠자는 거거든."

"운이 없구나." 어린 왕자가 말했다.

"운이 없어." 가로등지기가 말했다. "좋은 아침."

그리고 그는 자신의 등을 껐다.

'이 사람은…' 어린 왕자는 생각했다. '여행을 추구하면서 만났던 모든 다른 이들, 왕, 교만한 사람, 술꾼, 사업가 들로부터 외면을 당할지 몰라. 하지만 내게는 우스꽝스럽지 않은 유일한 사람이야. 이것은, 아마 그 자신이 아닌 다른 것을 돌보기 때문일 거야.'

그는 아쉬움에 탄식하며 다시 생각했다.

'이 사람은 내가 친구 삼을 수 있는 유일한 사람이야. 그런데 그의 별은 실제로 너무 작아. 둘이 있을 공간도 없으니……'

어린 왕자는 감히 고백하지 않았지만, 무엇보다, 이 축복받은 별이 아쉬웠던 것은 24시간에 1440번 해가 지기 때문이었다!

✦ Note ✦

한 번은 내 번역서를 본 역자 한 분이 〈어린 왕자〉 번역에서 "좋은 아침"을 "안녕하세요"로 표현하는 것이 좋지 않겠느냐고 조언을 주셨습니다. 이유는 "좋은 아침"은 대다수가 하는 인사말이 아니지 않느냐는 것이었죠. 그러면서 '번역을 단어 뜻 그대로 해석해야 하겠지만 문화적인 면도 고려해 보는 게 중요하지 않겠느냐'는 말을 덧붙이셨습니다.

일단 어린 왕자에서의 인사말을 어떻게 번역하느냐는 대단히 중요한 일입니다. 그냥 중요한 게 아니라, 사실은 이 작품을 죽이고 살릴 만큼 무게 있는 사안입니다.

무슨 소리인가 하면, 무심히 보면 아무렇지 않게 지나칠 수 있지만, 〈어린 왕자〉에는 각 장마다 인사가 나옵니다. 그건 그냥 인사가 아니라 그 순간의 시간적 배경을 설명해 주기 위해 작가가 쓴 '은유적 방식'인 것입니다. 그런데 우리는 그것을 전혀 눈치채지 못하고 있었던 것입니다.

예컨대 다섯 번째 별에 도착한 어린 왕자는 가로등지기에게 이렇게 인사를 합니다.

– Bonjour. Pourquoi viens-tu d'éteindre ton réverbère?

이것을 우리 두 역자는 각기 이렇게 (서로 다르게) 번역했습니다.

「안녕하세요. 왜 방금 가로등을 껐나요?」 (황** 역)

"안녕, 왜 지금 가로등을 껐어?" (김** 역)

영역자인 캐서린 우즈는 이렇게 옮겼습니다.

"Good morning. Why have you just put out your lamp?"

그리하여 세 역자의 번역을 모아 보면 같은 듯하면서 전부 다르다는 것을 알 수 있습니다.

"Good morning. Why have you just put out your lamp?"

「안녕하세요. 왜 방금 가로등을 껐나요?」

"안녕, 왜 지금 가로등을 껐어?"

우선 저 말투도 다른데, 저기서 어린 왕자는 높임말을 쓴 걸까요, 낮춤말을 쓴 걸까요? 틀림없이 한 사람은 틀린 게 아닐까요?

번역이니까 이것도 되고 저것도 된다 하시려나요?

우선 보다시피 viens-tu와 ton을 썼다는 점에서 어린 왕자는 이 가로등지기에게는 처음부터 말을 낮춘 것을 알 수 있습니다.

우선 여기서 눈여겨보아야 할 것은 원래 작가가 쓴 "Bonjour"라는 인사입니다.

영역자는 당연히 영어의 아침 인사인 '굿모닝'이라고 했습니다. 그런데 우리는 따로 아침 인사라는 게 없으니, 두 역자 모두 '안녕'이라고 하고 있는 것입니다.

한마디로 특별히 아침 인사와 오후 인사를 구분해 쓸 필요가 없을 때는 Bonjour와 Bonsoir를 굳이 다르게 번역할 필요가 없을 것입니다.

그러나 〈어린 왕자〉라는 작품 안에서만큼은 저 인사말이 반드시 구분되어야 하는데, 앞서 말한 대로, 이곳에 나오는 인사는 그냥 단순히 '안녕'이라는 의미의 인사말이 아니기 때문입니다.

이 장에서만도 가로등지기는 수시로 Bonjour와 Bonsoir를 번갈아 사용하며 어린 왕자에게 인사를 하고 있는 것을 볼 수 있습니다. 그것은 실제로 그 별의 밤과 낮의 변화를 인사말로 대신해 보여 주고 있는 것입니다. 그 배경 설명을 작가는 저 인사말 하나로 처리하고 있었던 것입니다.

그것을 우리 역자들은 저 시간 개념을 전혀 인식하지 못하고 어떤 구분도 없이 Bonjour도 안녕, Bonsoir도 안녕이라고 번역하고 있는 것이구요.

물론 영역자 캐서린 우즈는 자연스럽게 good morning과 good evening으로 저 둘을 구분해 번역하고 있습니다. 그러나 그 역시 이 인사말 속의 '시간 개념'을 인식하고 그렇게 옮겼던 것인지는 정확히 알 수 없습니다.

아무튼 별것 아닌 듯해도, 저 둘의 구분을 짓고 안 짓고의 차이에 따라 작품의 깊이가 확연히 달라지는 것입니다.

XV

La sixième planète était une planète dix fois plus vaste. Elle était habitée par un vieux Monsieur qui écrivait d'énormes livres.

– Tiens! voilà un explorateur! s'écria-t-il, quand il aperçut le petit prince. Le petit prince s'assit sur la table et souffla un peu. Il avait déjà tant voyagé!

15

여섯 번째 별은 열 배나 더 큰 별이었다. 거기에는 방대한 책을 쓰고 있는 노신사가 살고 있었다.

"여기다! 탐험가가 한 명 왔구나!" 어린 왕자를 발견한 그가 소리쳤다. 어린 왕자는 탁자 앞에 앉으며 옅은 숨을 몰아쉬었다. 그는 이미 많은 여행을 해왔던 것이다!

– D'où viens-tu? lui dit le vieux Monsieur.

– Quel est ce gros livre? dit le petit prince. Que faites-vous ici?

– Je suis géographe, dit le vieux Monsieur.

– Qu'est-ce qu'un géographe?

– C'est un savant qui connaît où se trouvent les mers, les fleuves, les villes, les montagnes et les déserts.

– Ça c'est bien intéressant, dit le petit prince. Ça c'est enfin un véritable métier! Et il jeta un coup d'œil autour de lui sur la planète du géographe. Il n'avait jamais vu encore une planète aussi majestueuse.

– Elle est bien belle, votre planète. Est-ce qu'il y a des océans?

– Je ne puis pas le savoir, dit le géographe.

– Ah! (Le petit prince était déçu.) Et des montagnes?

– Je ne puis pas le savoir, dit le géographe.

– Et des villes et des fleuves et des déserts?

– Je ne puis pas le savoir non plus, dit le géographe.

– Mais vous êtes géographe!

– C'est exact, dit le géographe, mais je ne suis pas explorateur. Je **manque** absolument d'explorateurs. Ce n'est

"너는 어디서 오는 길이니?" 노신사가 그에게 말했다.

"그 큰 책은 뭔가요?" 어린 왕자가 말했다. "여기서 무얼 하고 계세요?"

"나는 지리학자다." 노신사가 말했다.

"지리학자가 뭐예요?"

"바다와 강, 도시, 산, 그리고 사막이 어디에 있는지 아는 학자지."

"그거 정말 흥미로운데요." 어린 왕자가 말했다. "그거야말로 진짜 직업이네요!" 그리고 그는 지리학자의 별을 둘러보았다. 그는 아직까지 이처럼 위엄 있는 별을 본 적이 없었다.

"정말 아름다워요, 당신의 별 말이에요. 대양은 있나요?"

"나는 알 수가 없단다." 지리학자가 말했다.

"아! (어린 왕자는 실망했다.) 그러면 산은요?"

"나는 알 수가 없어." 지리학자가 말했다.

"그러면 마을과 강과 사막은요?"

"그 역시 알 수 없다." 지리학자가 말했다.

"그렇지만 당신은 지리학자잖아요!"

"그건 맞다." 지리학자가 말했다. "하지만 나는 탐험가는 아니지. 나는 탐험가들이 단연 그립구나. 도시와 강과 산, 바다와

pas le géographe qui va faire le compte des villes, des fleuves, des montagnes, des mers, des océans et des déserts. Le géographe est trop important pour flâner. Il ne quitte pas son bureau. Mais il y reçoit les explorateurs. Il les interroge, et il prend en note leurs souvenirs. Et si les souvenirs de l'un d'entre eux lui paraissent intéressants, le géographe fait faire une enquête sur la moralité de l'explorateur.

– Pourquoi ça?

– Parce qu'un explorateur qui mentirait entraînerait des catastrophes dans les livres de géographie. Et aussi un explorateur qui boirait trop.

– Pourquoi ça? fit le petit prince.

– Parce que les ivrognes voient double. Alors le géographe noterait deux montagnes, là où il n'y en a qu'une seule.

– Je connais quelqu'un, dit le petit prince, qui serait mauvais explorateur.

– C'est possible. Donc, quand la moralité de l'explorateur paraît bonne, on fait une enquête sur sa découverte.

– On va voir?

대양, 그리고 사막을 헤아리는 사람이 지리학자가 아니다. 지리학자는 나돌아 다니기엔 너무 중요하지. 그는 자신의 책상을 떠나진 않아. 하지만 탐험가들을 맞아들이지. 그는 그들에게 묻고, 그들의 기억을 적는 거야. 그리고 만약 그들 가운데 누군가의 기억이 그에게 흥미로워 보이면, 지리학자는 그 탐험가의 도덕성을 조사하지."

"그건 왜요?"

"왜냐하면 거짓말하는 탐험가는 지리학자의 책에 재앙을 초래하기 때문이다. 그리고 또한 술을 너무 많이 마시는 탐험가도."

"그건 왜요?" 어린 왕자가 물었다.

"왜냐하면 술꾼에게는 두 개로 보일 테니까. 그러면 지리학자는 단지 산이 하나 있는 곳을, 두 개로 적을 테니."

"나도 누군가를 알아요…" 어린 왕자가 말했다. "나쁜 탐험가가 될 수도 있었을 사람이요."

"그럴 수도 있겠지. 아무튼 그러니까, 탐험가의 도덕성이 선하게 여겨지면, 그의 발견의 사실 여부를 조사하는 거야."

"사람들이 보러 가나요?"

– Non. C'est trop compliqué. Mais on exige de l'explorateur qu'il fournisse des preuves. S'il s'agit par exemple de la découverte d'une grosse montagne, on exige qu'il en rapporte de grosses pierres.

Le géographe soudain s'émut.

– Mais toi, tu viens de loin! Tu es explorateur! Tu vas me décrire ta planète!

Et le géographe, ayant ouvert son registre, tailla son crayon. On note d'abord au crayon les récits des explorateurs. On attend, pour noter à l'encre, que l'explorateur ait fourni des preuves.

– Alors? interrogea le géographe.

– Oh! chez moi, dit le petit prince, ce n'est pas très intéressant, c'est tout petit. J'ai trois volcans. Deux volcans en activité, et un volcan éteint. Mais on ne sait jamais.

– On ne sait jamais, dit le géographe.

– J'ai aussi une fleur.

– Nous ne notons pas les fleurs, dit le géographe.

– Pourquoi ça! c'est le plus joli!

"아니다. 그건 너무 복잡하거든. 하지만 탐험가에게 증거를 제시하도록 요청하지. 만약 예를 들어 큰 산에 대한 발견이라면, 그에게 큰 돌을 가져오도록 요청하는 거야."

지리학자는 갑자기 흥분했다.

"그러고 보니 네가, 네가 멀리서 왔구나! 네가 탐험가다! 네 별을 내게 설명해 주겠니!"

그리고 지리학자는, 그의 기록부를 펼쳐 놓고, 자신의 연필 crayon을 깎았다. 사람들은 먼저 탐험가들의 이야기를 연필로 적는다. 잉크로 적을 만한, 탐험가가 제시할 증거를 기대하면서.

"그래서?" 지리학자가 물었다.

"아, 내 별은," 어린 왕자가 말했다. "크게 흥미롭진 않아요. 그것은 아주 작아요. 나는 세 개의 화산을 가지고 있어요. 두 개는 활화산이고, 하나는 사화산이에요. 하지만 누구도 결코 알 수 없죠."

"누구도 결코 알 수 없지." 지리학자가 말했다.

"나는 꽃 한 송이도 가지고 있어요."

"우리는 꽃들은 기록하지 않는다." 지리학자가 말했다.

"그건 왜요! 무엇보다 멋진데!"

— Parce que les fleurs sont **éphémères**.

— Qu'est-ce que signifie: « éphémère »?

— Les géographies, dit le géographe, sont les livres les plus précieux de tous les livres. Elles ne se démodent jamais. Il est très rare qu'une montagne change de place. Il est très rare qu'un océan se vide de son eau. Nous écrivons des choses éternelles.

— Mais les volcans éteints peuvent se réveiller, interrompit le petit prince. Qu'est-ce que signifie « éphémère »?

— Que les volcans soient éteints ou soient éveillés, ça revient au même pour nous autres, dit le géographe. Ce qui compte pour nous, c'est la montagne. Elle ne change pas.

— Mais qu'est-ce que signifie « éphémère »? répéta le petit prince qui, de sa vie, n'avait renoncé à une question, une fois qu'il l'avait posée.

— Ça signifie « qui est menacé de disparition prochaine ».

— Ma fleur est menacée de disparition prochaine?

— Bien sûr.

Ma fleur est éphémère, se dit le petit prince, et elle n'a que

"꽃들은 일시적이기 때문이야."

"'일시적'이라는 게 무슨 뜻인가요?"

"지리책은, 모든 책들 가운데 가장 값진 책이란다." 지리학자는 말했다. "그것은 결코 유행에 뒤지지 않는 거야. 산이 위치를 바꾸는 것은 매우 드문 일이지. 대양의 물이 말라 버리는 일도 매우 드문 일이고. 우리는 영원한 것들에 관해서만 기록하는 거야."

"하지만 사화산도 다시 깨어날 수 있잖아요." 어린 왕자가 말을 가로막았다. "'일시적'이라는 게 무슨 뜻이에요?"

"화산이 꺼져 있든 깨어 있든, 우리 같은 사람들에게는 같은 게다." 지리학자가 말했다. "우리가 헤아리는 건, 산이란다. 그건 바뀌지 않으니까."

"하지만 '일시적'이라는 게 무슨 의미인가요?" 살면서 한번 물은 질문을 절대 포기하는 법이 없는 어린 왕자가 다시 물었다.

"그 의미는, '머지않아 사라질 위기에 놓여 있는 것'이라는 뜻이다."

"내 꽃이 머지않아 사라질 위기에 놓여 있다고요?"

"물론이지."

'내 꽃은 일시적이고,' 어린 왕자는 생각했다. '겨우 네 개의

225

quatre épines pour se défendre contre le monde! Et je l'ai laissée toute seule chez moi!

Ce fut là son premier mouvement de regret. Mais il reprit courage:

— Que me conseillez-vous d'aller visiter? demanda-t-il.

— La planète Terre, lui répondit le géographe. Elle a une bonne réputation…

Et le petit prince s'en fut, songeant à sa fleur.

가시로 세상에 맞서 자신을 지키고 있는 것이었구나! 그리고 나는 내 별에 그녀를 혼자 남겨 둔 것이구!'

이것이 그의 첫 번째 후회의 감정이었다. 하지만 그는 다시 용기를 회복했다.

"제가 어디를 찾아가야 할지 권해 줄 수 있나요?"그가 물었다.

"지구별," 지리학자가 그에게 대답했다. "그곳은 좋은 평판을 가지고 있어……."

그러자 어린 왕자는 자신의 꽃을 생각하면서 그리로 떠났다.

• Note •

15장은 어린 왕자가 지리학자의 별을 방문해 겪은 에피소드를 기록한 장입니다. 학자의 중요성과 허위의식을 절묘하게 드러낸 장이기도 하지만, 무엇보다 어린 왕자로 하여금 자기 별을 떠나온 것에 대해 처음으로 후회의 감정을 일게 만든 곳이기도 합니다.

어린 왕자가 자기 별을 떠난 가장 큰 이유는 꽃에 대해 오해했기 때문입니다.

어린 왕자는 자신이 '혼자' 자기 별에서 행복하게 살았듯, 자신이 떠나 주면 꽃이 자기처럼 혼자 행복하게 살 거라고 생각했던 것입니다.

그런데 어린 왕자는 이 별에 와서 학자의 말을 듣고 전혀 생각지 못했던 사실을 깨닫게 되는 것입니다.

그래서 이런 대화가 이루어진 것입니다.

– Mais qu'est-ce que signifie « éphémère »? répéta le petit prince qui, de sa vie, n'avait renoncé à une question, une fois qu'il l'avait posée.

– Ça signifie « qui est menacé de disparition prochaine ».

– Ma fleur est menacée de disparition prochaine?

– Bien sûr.

Ma fleur est éphémère, se dit le petit prince, et elle n'a que quatre épines pour se défendre contre le monde! Et je l'ai laissée toute seule chez moi!

Ce fut là son premier mouvement de regret. Mais il reprit courage:

"하지만 '일시적'이라는 게 무슨 의미인가요?" 살면서 한번 물은 질문을 절대 포기하는 법이 없는 어린 왕자가 다시 물었다.

"그 의미는, '머지않아 사라질 위기에 놓여 있는 것'이라는 뜻이다."

"내 꽃이 머지않아 사라질 위기에 놓여 있다고요?"

"물론이지."

'내 꽃은 일시적이고,' 어린 왕자는 생각했다. '겨우 네 개의 가시로 세상에 맞서 자신을 지키고 있는 것이었구나! 그리고 나는 내 별에 그녀를 혼자 남겨 둔 것이구!'

이것이 그의 첫 번째 후회의 감정이었다. 하지만 그는 다시 용기를 회복했다. (이정서 역)

바로 꽃은 자기처럼 오래 살지 못한다는 것, 그리고 혼자 있고 싶어서 자신에게 짜증을 내거나 화를 냈던 게 아니었다는 것, 그런 그녀를 자신은 혼자 두고 떠나온 것이구나, 하는 깨달음.

우리 역자들은 이렇게 번역했습니다.

"그런데 덧없다는 게 뭐예요?" 한번 물어보면 결코 그냥 넘어가는 법이 없는 어린 왕자가 내쳐 물었다.

"그것은 '머지않아 사라져버릴 위험이 있다'는 뜻이야."

"내 꽃이 머지않아 사라져버릴 위험이 있다는 건가요?"

"물론이지."

'내 꽃은 덧없는 것이구나!' 하고 어린 왕자는 혼자 생각했다. '세상과 맞서서 자기를 보호할 수단이라곤 가시 네 개밖에 없고! 그런 꽃을 내 별에 혼자 두고 왔으니!' 처음으로 후회의 감정이 솟구쳐올랐다. 그러나 그는 다시 용기를 냈다. (김** 역)

〈내 꽃은 덧없구나!〉 어린 왕자는 생각했다. 〈게다가 바깥세상으로부터 저를 보호한다는 게 네 개의 가시뿐이구나! 나는 그런 꽃을 내 별에 홀로 두고 왔구나!〉

이것이 그가 처음으로 느낀 후회의 감정이었다. 그러나 그는 다

시 용기를 되찾았다. (황** 역)

작게는 éphémère를 어떻게 해석하느냐의 문제이지만, 실제는
이 작품 전체의 주제를 정확히 이해하고 있느냐, 그렇지 못하냐의
문제인 것입니다. 역자들은 저것을 '덧없다'고 번역하고 저렇듯 후
회하는 어린 왕자의 마음을 '어른'의 시각으로 희화화시켜 버린 것
입니다. 영역자 캐서린 우즈는 이렇게 번역했습니다.

"But what does that mean—'ephemeral'?" repeated the little
prince, who never in his life had let go of a question, once he
had asked it.

"It means, 'which is in danger of speedy disappearance.'"

"Is my flower in danger of speedy disappearance?"

"Certainly it is."

"My flower is ephemeral," the little prince said to himself,
"and she has only four thorns to defend herself against the
world. And I have left her on my planet, all alone!"

That was his first moment of regret. But he took courage once
more. (캐서린 우즈 역)

XVI

La septième planète fut donc la Terre.

La Terre n'est pas une planète quelconque! On y compte cent onze rois (en n'oubliant pas, bien sûr, les rois nègres), sept mille géographes, neuf cent mille businessmen, sept millions et demi d'ivrognes, trois cent onze millions de vaniteux, c'est-à-dire environ deux milliards de grandes personnes.

Pour vous donner une idée des dimensions de la Terre je vous dirai qu'avant l'invention de l'électricité on y devait entretenir, sur l'ensemble des six continents, une véritable armée de quatre cent soixante-deux mille cinq cent onze allumeurs de réverbères.

Vu d'un peu loin ça faisait un effet splendide. Les mouvements de cette armée étaient réglés comme ceux d'un ballet d'opéra. D'abord venait le tour des allumeurs de

16

일곱 번째 별은 그리하여 지구였습니다.

지구는 평범한 별이 아니었죠! 거기에는 111명의 왕(물론, 흑인 왕도 빼놓지 않았습니다), 7,000명의 지리학자, 90만 명의 사업가, 750만 명의 술꾼, 3억 1천 100만 명의 교만한 사람, 다시 말해 약 20억 명의 어른들이 있었던 겁니다.

지구 면적의 개념을 여러분에게 알려 주기 위해서, 나는 전기가 발명되기 이전 6대 주 전체에 462,511명의 가로등지기가 실제적인 군대처럼 유지되어야만 했다는 말을 해야 할 것 같습니다.

거리를 좀 두고 보았을 때, 그것은 화려한 효과를 만들어 냈습니다. 이 군대의 움직임은 오페라 속 발레단의 그것처럼 질서정연했습니다. 먼저 뉴질랜드와 오스트레일리아 가로등지기가 들어옵니다. 이들은 자신들의 등에 불을 밝혀 놓은 뒤 잠을 자러 갑니다. 그리고 나서 차례대로 중국과 시베리아의 가

réverbères de Nouvelle-Zélande et d'Australie. Puis ceux-ci, ayant allumé leurs lampions, s'en allaient dormir. Alors entraient à leur tour dans la danse les allumeurs de réverbères de Chine et de Sibérie. Puis eux aussi s'escamotaient dans les coulisses. Alors venait le tour des allumeurs de réverbères de Russie et des Indes. Puis de ceux d'Afrique et d'Europe. Puis de ceux d'Amérique du Sud. Puis de ceux d'Amérique du Nord. Et jamais ils ne se trompaient dans leur ordre d'entrée en scène. C'était grandiose.

Seuls, l'allumeur de l'unique réverbère du pôle Nord, et son confrère de l'unique réverbère du pôle Sud, menaient des vies d'oisiveté et de nonchalance: ils travaillaient deux fois par an.

로등지기들이 들어와 춤을 춥니다. 그러고 나서 그들 또한 무대 뒤로 사라집니다. 그러고 나면 러시아와 인도 가로등지기의 차례가 돌아옵니다. 그다음에는 아프리카와 유럽, 다음은 남아메리카, 그 뒤에 북아메리카였습니다. 그리고 그들은 등장하는 순서에 결코 실수하는 법이 없었죠. 그것은 장관이었습니다.

다만, 북극의 유일한 가로등을 켜는 가로등지기와 남극의 유일한 가로등을 켜는 그의 동료는, 한가롭고 무사태평한 삶을 살았습니다. 그들은 1년에 두 번만 일을 하면 되었던 것이죠.

◆ **Note** ◆

문학은 보통 인문서와 다릅니다. 한 단어가 여러 의미로 해석될 수 있지만, 실상은 앞뒤 문맥을 살피면 그 단어가 어떤 의미로 쓰였는지를 거의 정확히 이해할 수 있기 때문입니다. 그것이 틀리는지 맞는지를 검증하는 것도 결코 어려운 일이 아닙니다. 그러나 그것이 정말 작가가 의도한 정확한 의미인지를 파악하는 일은 그 앞에서부터 정확히 직역이 되었다는 전제하에서만 가능한 일입니다.

의역은 사실 오역에 다름 아닙니다. 의역한 문장은 원문과 비교해 보면 문법적으로도 어딘가 틀린 것을 알 수 있습니다.

이번 장의 마지막 문단만 보겠습니다.

Seuls, l'allumeur de l'unique réverbère du pôle Nord, et son confrère de l'unique réverbère du pôle Sud, menaient des vies d'oisiveté et de nonchalance: ils travaillaient deux fois par an.

이것을 우리 역자들은 이렇게 번역했습니다.

다만 북극의 단 하나밖에 없는 가로등을 켜는 사람과 남극의 하나밖에 없는 그의 동료만이 한가롭고 나른한 생활을 하고 있었다. 그들은 일 년에 두 번만 일을 하면 되는 것이었다. (김★★ 역)

오직, 북극에 하나뿐인 가로등 켜는 사람과 남극에 하나뿐인 그의 동업자, 이 두 사람만 한가롭고 태평하게 살았다. 그들은 1년에 두 번 일을 하였다. (황★★ 역)

우리말만 두고 보면 전혀 어색함이 없습니다. 같은 원문을 두고 한 이 두 번역의 의미는 같은 걸가요? 아니면 다른 걸까요? 다르다면 어느 하나는 틀렸다는 말일까요? 아니면, 번역이니까, 둘 다 맞는 것일까요?

원문과 단순 비교해 보면 두 번역 다, 콜론(:)의 의미가 생략되어 있는 것을 볼 수 있습니다. 콜론은 작가가 어떤 설명에 부족함을 느껴서 추가적으로 덧붙여 설명하려 할 때 씁니다. 콜론을 죽인 위 역자들의 번역에서 과연 그런 뉘앙스를 느낄 수 있을까요? 이 문맥의 의미는 이런 것입니다.

다만, 북극의 유일한 가로등을 켜는 가로등지기와 남극의 유일한 가로등을 켜는 그의 동료는, 한가롭고 무사태평한 삶을 살았습니다. 그들은 1년에 두 번만 일을 하면 되었던 것이죠. (이정서 역)

바로 앞, 가로등지기가 등장하는 장(14장)을 정확히 이해해야 이 문장이 담고 있는 '패러독스'까지 이해할 수 있게 되는 것입니다. 그것을 이해하고 한 번역이냐 아니냐는 번역문에서 드러나는 것입니다. 문법적으로도 일치하지 않기 때문입니다.

영역자는 이렇게 번역했습니다.

Only the man who was in charge of the single lamp at the North Pole, and his colleague who was responsible for the single lamp at the South Pole—only these two would live free from toil and care: they would be busy twice a year. (캐서린 우즈 역)

이것은 다시 번역을 해야 하는 문제가 있지만, 이 역시 상당한 의역이 이루어져 있음을 알 수 있습니다. 나름 직역해 보면,

오직 북극의 단 하나의 가로등을 담당하고 있는 사람과, 남극의 단 하나의 가로등을 책임지는 그의 동료—오직 이 둘만이 노고와 관심으로부터 자유로운 삶을 살았다. 그들은 일 년에 두 번 바쁘고는 했다.

보다시피,

영역자는 줄표를 넣고 한 번 더 부연함으로써 강조의 효과를 주고 싶었는지는 모르지만, 결과적으로 원문에 없는 only these two 가 끼어든 확연히 다른 구조가 되었습니다.

콜론은 살리고 있지만 동사의 시제며 단어도 달리해서 영어로 읽는 독자에게 원래의 뜻대로 읽힐지는 의문입니다. 예컨대, travaillaient는 우리말로 '일하다, 근무하다'로 영어로는 work에 가깝습니다. 따라서 영역은 저것이 동사가 되어야 하며, 콜론의 뉘앙스를 살리려면, They only had to work twice a year.에 가깝다 할 것입니다.

XVII

Quand on veut faire de l'esprit, il arrive que l'on mente un peu. Je n'ai pas été très honnête en vous parlant des allumeurs de réverbères. Je risque de donner une fausse idée de notre planète à ceux qui ne la connaissent pas. Les hommes occupent très peu de place sur la terre. Si les deux milliards d'habitants qui peuplent la terre se tenaient debout et un peu serrés, comme pour un meeting, ils logeraient aisément sur une place publique de vingt milles de long sur vingt milles de large. On pourrait entasser l'humanité sur le moindre petit îlot du Pacifique.

Les grandes personnes, bien sûr, ne vous croiront pas. Elles s'imaginent tenir beaucoup de place. Elles se voient importantes comme des baobabs. Vous leur conseillerez donc de faire le calcul. Elles adorent les chiffres: ça leur plaira. Mais

17

누구나 기지를 발휘하려다 보면, 약간의 거짓말을 하게 되는 수가 있습니다. 나는 가로등지기에 관한 이야기를 여러분에게 하면서 완전히 정직했던 것만은 아닙니다. 나는 그것에 대해 잘 모르는 이들에게 우리 별에 대한 인식을 잘못 전달할 위험이 있었습니다. 사람들은 지구에서 매우 작은 공간을 차지하고 있습니다. 만약 지구에 거주하는 20억 명 사람들이 모임을 갖듯, 조금 빽빽하게 선 채로 있게 되면, 그들은 길이 20마일, 넓이 20마일인 광장 하나면 넉넉히 들어갈 수 있을 겁니다. 태평양의 가장 작은 섬 하나에 전 인류를 몰아넣을 수 있는 셈입니다.

어른들은, 당연히, 여러분을 믿지 않을 겁니다. 그들은 자기들이 많은 공간을 차지하고 있다고 생각합니다. 자신들이 바오바브나무처럼 큰 비중을 가지고 있을 거라고 생각하는 겁니다. 그러니 그들에게 계산해 보라고 조언해 보세요. 그들은 숫

ne perdez pas votre temps à ce pensum. C'est inutile. Vous avez confiance en moi.

Le petit prince, une fois sur terre, fut donc bien surpris de ne voir personne. Il avait déjà peur de s'être trompé de planète, quand un anneau couleur de lune remua dans le sable.

– Bonne nuit, fit le petit prince à tout hasard.

– Bonne nuit, fit le serpent.

– Sur quelle planète suis-je tombé? demanda le petit prince.

– Sur la Terre, en Afrique, répondit le serpent.

– Ah!… Il n'y a donc personne sur la Terre?

– Ici c'est le désert. Il n'y a personne dans les déserts. La Terre est grande, dit le serpent.

Le petit prince s'assit sur une pierre et leva les yeux vers le ciel:

– Je me demande, dit-il, si les étoiles sont éclairées afin que chacun puisse un jour retrouver la sienne. Regarde ma planète. Elle est juste au-dessus de nous… Mais comme elle est loin!

– Elle est **belle**, dit le serpent. Que viens-tu faire ici?

– J'ai des difficultés avec une fleur, dit le petit prince.

자를 아주 좋아하니, 기뻐할 겁니다. 하지만 여러분의 시간은 그런 하찮은 일에 낭비하지 마세요. 그것은 불필요한 일이니까요. 여러분은 저를 믿으세요.

어린 왕자가, 지구에 닿았을 때, 사람이 한 명도 보이지 않는 것에 몹시 놀랐다. 그가 별을 착각한 건 아닌지 두려워지기 시작한 것은, 달빛을 받은 고리 하나가 모래 속에서 움직였을 때였다.

"좋은 밤이네." 아무렇든 어린 왕자가 말했다.

"좋은 밤이야." 뱀이 말했다.

"내가 떨어진 여기는 무슨 별이니?" 어린 왕자가 물었다.

"지구야. 아프리카지." 뱀이 대답했다.

"아!… 그런데 지구엔 사람이 없나 보지?"

"여기는 사막이야. 사막엔 사람이 없어. 지구는 크단다." 뱀이 말했다.

어린 왕자는 돌 위에 앉아 하늘을 올려보았다.

"나는 궁금해…" 그가 말했다. "별들이 빛나는 건 누구든 언젠가 자신의 것을 찾을 수 있도록 하기 위해서가 아닐까. 내 별을 봐. 바로 우리 위에 있어… 하지만 정말 머네!"

"아름답구나." 뱀이 말했다. "너는 무슨 일로 여기에 왔니?"

"꽃하고 문제가 생겼거든." 어린 왕자가 말했다.

— Ah! fit le serpent.

Et ils se turent.

— Où sont les hommes? reprit enfin le petit prince. On est un peu seul dans le désert…

— On est seul aussi chez les hommes, dit le serpent.

Le petit prince le regarda longtemps:

— Tu es une drôle de bête, lui dit-il enfin, mince comme un doigt…

— Mais je suis plus puissant que le doigt d'un roi, dit le serpent.

Le petit prince eut un sourire:

— Tu n'es pas bien puissant… tu n'as même pas de pattes… tu ne peux même pas voyager…

— Je puis t'emporter plus loin qu'un navire, dit le serpent.

Il s'enroula autour de la cheville du petit prince, comme un bracelet d'or:

— Celui que je touche, je le rends à la terre dont il est sorti, dit-il encore. Mais tu es pur et tu viens d'une étoile…

Le petit prince ne répondit rien.

"아!" 뱀이 말했다.

그리고 그들은 침묵에 빠졌다.

"사람들은 어디 있어?" 마침내 어린 왕자가 다시 입을 열었다. "사막은 조금 외롭네."

"사람들 사이에서도 외롭지." 뱀이 말했다.

어린 왕자는 오랫동안 그를 바라봤다.

"너는 이상한 동물이구나." 마침내 그가 말했다. "손가락처럼 가늘고……."

"하지만 나는 왕의 손가락보다 더 강하지." 뱀이 말했다.

어린 왕자가 웃었다.

"넌 그렇게 강한 게 아냐… 심지어 발도 없잖아… 심지어 여행도 못하잖아……."

"나는 어떤 배보다도 너를 멀리 데려갈 수 있어." 뱀이 말했다.

그는 금팔찌처럼 어린 왕자의 발목을 휘감았다.

"누구든 내가 손대면, 그가 생겨난 땅으로 돌아가는 거야." 그가 다시 말했다. "하지만 너는 순수하고, 또 별에서 왔으니까……."

어린 왕자는 아무 대답도 하지 않았다.

— Tu me fais pitié, toi si faible, sur cette Terre de granit. Je puis t'aider un jour si tu regrettes trop ta planète. Je puis…

— Oh! J'ai très bien compris, fit le petit prince, mais pourquoi parles-tu toujours par énigmes?

— Je les résous toutes, dit le serpent.

Et ils se turent.

"너는 내게 딱해 보여, 냉정한 이 지구에서는 너무 약해. 언제든 네가 만약 네 별이 너무나 그리워지면 나는 너를 도울 수 있을 거야. 나는 할 수 있거든……"

"아! 아주 잘 이해했어." 어린 왕자가 말했다. "그런데 너는 왜 항상 수수께끼 같은 말을 하니?"

"나는 그것들 전부를 풀어낼 수 있거든." 뱀이 말했다.

그리고 그들은 침묵했다.

– Tu es une drôle de bête, lui dit-il enfin, mince comme un doigt…

"너는 이상한 동물이구나." 마침내 그가 말했다. "손가락처럼 가늘고……."

ᐧ **Note** ᐧ

17장은 16장 지구별에 대한 소개에 이어지는 장입니다. 화자는 여기서 가로등지기에 대해 조금 과장되게 설명한 것에 대해 사과합니다. 낮과 밤의 변화, 멋진 직업에 대한 자기 의견을 밝히기 위해 불가피하게 조금 과장했음을 밝히는 것입니다. 그러고는 일일이 숫자를 끌어와 지구별에 대해 설명하는데, 그것은 지금까지 그런 숫자를 몰라서 안 쓴 게 아니라는 사실을 보여 주고자 하는 의도도 있었던 것입니다.

아무튼 이번 장은 '어린이 여러분'에게 지구를 설명하던 16장의 톤과 마찬가지로 이어져야 하는 것입니다.

그 점을 염두에 두고 다음 한 문맥을 보십시오.

Les grandes personnes, bien sûr, ne vous croiront pas. Elles s'imaginent tenir beaucoup de place. Elles se voient **importantes** comme des baobabs. Vous leur conseillerez donc de faire le calcul. Elles adorent les chiffres: ça leur plaira.

Mais ne perdez pas votre temps à ce pensum. C'est inutile.
Vous avez confiance en moi.

무슨 뜻일까요?

우리 역자는 이렇게 번역했습니다.

물론 어른들은 이 말을 믿지 않을 것이다. 그들은 자기들이 넓은
자리를 차지하고 있다고 생각한다. 자기들이 바오바브나무처럼
커다랗다고 생각한다. 그러니 그들에게 계산을 좀 해보라고 하
는 게 좋겠다. 숫자를 존경하는 사람들이니 그냥 기뻐할 것이다.
그렇다고 여러분들까지 그 지루한 일에 시간을 허비할 것은 없
다. 그럴 필요가 없다. 내 말을 믿으라. (황** 역)

어른인 내가, 어른들은 '아이'인 너희들 말을 믿지 않을 것이다,
그러니 내 말을 믿으라고 고압적으로 주장하는 뉘앙스가 느껴지
지 않는지요? 과연 생텍쥐페리가 정말 저런 뉘앙스로 위의 문장을
썼을까요?

달리 묻자면, 과연 이것은 맞는 번역일까요? 역시 우리말만 두

고 보면 잘 모를 수 있습니다. 읽어 보면, 뜻이 통하니 더욱 그러한 것입니다. 그러나 원문과 함께 자세히 들여다보면 원래의 뜻에서 상당히 떨어져 있음을 알 수 있습니다.

우선 작가는 vous를 통해 화자가 존대어를 쓰고 있음을 나타냅니다. 물론 여기서의 vous는 2인칭 존칭이라기보다는 '어린이 여러분' 즉, '복수'를 가리킵니다. 그러나 이 작품에서 화자는 어린이들에게는 일괄되게 존대를 하고 있다는 것은 앞서 살펴 온 바입니다.

이 문장은 쓰여진 그대로 어른들이 여러분vous을 믿지 않을 거라고 말합니다. 그런데 역자는 저기서 vous를 교묘히 가리고 '이 말'을 믿지 않는다고 고칩니다. 이럴 수밖에 없는 것은 역자가 이미 앞에서부터 vous의 의미를 오해하고(어느 경우는 아예 생략해 버리면서) 문장을 만들어 온 마당이기 때문입니다.

결국 마지막 문장에서 '여러분'이라는 말을 피해갈 수 없게 되자, '여러분들까지'라고 의역하고 있지만, 실상 저기서 votre는 vous의 소유격으로 '여러분들의 시간'을 의미하는 것입니다. 필경에 이렇듯 문장 성분을 바꾸지 않거나, 문법을 무시하지 않으면 문장이 만들어지지 않으니 필연적으로 저러한 의역을 낳게 되는 것입니다. 예컨대 'importantes'라는 단어 하나도 '커다랗다'라고 해석할 수 있으려면 우리는 아마 사전을 다시 써야 할 것입니다.

다른 한 분도 크게 다르지 않습니다.

어른들은 물론 이런 말을 믿지 않을 것이다. 그들은 자신들이 상당히 큰 자리를 차지하고 있다고 생각하는 것이다. 그들은 자신들이 바오바브나무처럼 중요하다고 생각한다. 그러므로 여러분은 그들에게 계산을 해보라고 일러주는 게 좋다. 그들은 숫자를 대단히 좋아하니까. 그건 그들의 마음에 들 것이다. 그러나 여러분은 그 문제를 푸느라고 시간을 낭비할 필요가 없다. 쓸데없는 일이다. 내 말만 믿으면 된다. (김** 역)

군데군데 의미가 조금 다를 수 있지만 나름의 '의역'이라는 점에서 두 분의 번역은 크게 다르지 않은 것입니다.

원문대로 직역하면,

어른들은, 당연히, 여러분을 믿지 않을 겁니다. 그들은 자기들이 많은 공간을 차지하고 있다고 생각합니다. 자신들이 바오바브나 무처럼 큰 비중을 가지고 있을 거라고 생각하는 겁니다. 그러니 그들에게 계산해 보라고 조언해 보세요. 그들은 숫자를 아주 좋아하니, 기뻐할 겁니다. 하지만 여러분의 시간은 그런 하찮은 일에 낭비하지 마세요. 그것은 불필요한 일이니까요. 여러분은 저를 믿으세요. (이정서 역)

이것을 영역자 캐서린 우즈는 이렇게 번역했습니다.

The grown-ups, to be sure, will not believe you when you tell them that. They imagine that they fill a great deal of space. They fancy themselves as important as the baobabs. You should advise them, then, to make their own calculations. They adore figures, and that will please them. But do not waste your time on this extra task. It is unnecessary. You have, I know, confidence in me. (캐서린 우즈 역)

계속해서 살펴 오고 있지만 영역자의 번역 역시 우리 역자들만큼은 아닐지라도 불필요한 설명이 들어간 문장이 많이 눈에 띕니다.

〈어린 왕자〉는 전체적으로 시적인 문장으로 구성되어 있는 것입니다. 독자들이 이해 못할지 모른다는 생각에 문장 중에 설명을 덧붙이는 행위는 역자의 오만이며, 그만큼 저자와 독자를 무시하는 행위라 할 것입니다.

XVIII

Le petit prince traversa le désert et ne rencontra qu'une fleur. Une fleur à trois pétales, une fleur de rien du tout…

– Bonjour, dit le petit prince.

18

어린 왕자는 사막을 가로질러 갔고 단지 꽃 하나를 만났다.
세 개의 잎을 가진 꽃, 어떤 특색도 없는 꽃 하나…….

"안녕하세요." 어린 왕자가 말했다.

– Bonjour, dit la fleur.

– Où sont les hommes? demanda poliment le petit prince.

La fleur, un jour, avait vu passer une caravane:

– Les hommes? Il en existe, je crois, six ou sept. Je les ai aperçus il y a des années. Mais on ne sait jamais où les trouver. Le vent les promène. Ils manquent de racines, ça les gêne beaucoup.

– Adieu, fit le petit prince.

– Adieu, dit la fleur.

"안녕하세요." 꽃이 말했다.

"사람들은 어디에 있나요?" 어린 왕자가 공손하게 물었다.

그 꽃은, 어느 날, 카라반* 한 무리가 지나는 걸 본 적이 있다.

"사람들이요? 그게 있긴 한 거 같아요. 내 생각엔, 예닐곱 명쯤. 나는 몇 해 전에 그들을 보았어요. 하지만 어디서 그들을 찾을 수 있을지 누구도 결코 알지 못해요. 바람이 그들을 몰고 다니거든요. 그들은 뿌리가 부족해서, 그것이 그들을 많이 어렵게 해요."

"안녕히 계세요." 어린 왕자가 말했다.

"안녕히 가세요." 꽃이 말했다.

*caravane : 사막에서 주로 낙타를 이용해 교역을 일삼는 상인들의 무리.

◆ **Note** ◆

〈어린 왕자〉는 특이하게도 프랑스가 아니라 미국에서 영어로 먼저 출판된(1943년) 책입니다. 물론 작가는 자신의 모국어인 프랑스어로 썼고, 그것을 당시 편집자인 미국의 캐서린 우즈가 영어로 번역했던 것입니다. 그런데 우리나라에서는 생텍쥐페리가 영어로도 썼다고 오해하는 이도 있고, 따라서 〈어린 왕자〉의 '영어 원본' 운운하는 글도 있지만 그건 전혀 잘못된 정보입니다. 생텍쥐페리는 영어를 몰랐다고 합니다(물론, 몰랐다는 그 수준이 어느 정도인지는 알지 못합니다).

아무튼 미국에서도 역시 〈어린 왕자〉 번역본은 우리나라처럼 많지만, 어느 것이 가장 직역에 가까운지는 알지 못합니다. 다만 캐서린 우즈의 번역을 인용하는 것은 작가가 생존 시 출간되었다는 점에서 그나마 가장 작가의 뜻을 잘 읽고 확인하지 않았을까하는 생각 때문입니다.

〈어린 왕자〉 18장은 아주 짧습니다. 그럼에도 〈어린 왕자〉를 바로 이해하기 위해 꼭 알아야 할 중요한 요소가 몇 가지 담겨 있습니다.

영역자 캐서린 우즈는 다음과 같이 번역하였습니다.

The little prince crossed the desert and met only one flower. A
flower with three petals, a flower of nothing at all …

- Hello, said the little prince.

- Hello, said the flower.

- Where are the men? the little prince asked politely.

The flower, one day, had seen a caravan pass:

- Men? There are, I believe, six or seven of them. I saw them
years ago. But you never know where to find them. The wind
sends them rambling. They lack roots, it bothers them a lot.

"Goodbye," said the little prince.

"Goodbye," said the flower. (캐서린 우즈 역)

원문과 비교해 볼 때, 영어 번역은 어떤 특징이 있으며, 어떤 차
이가 있을까요?

우선 처음 둘이 만나 나누는 인사를 보십시오.

불어는 Bonjour로 되어 있고, 영어는 Hello로 번역했습니다.

캐서린 우즈는 앞서 다른 장에서는 Bonjour를 당연히, Good morning으로 번역했었습니다. 그런데 이번 장에만 유독 Hello로 번역한 것입니다.

왜 그랬을까요?

〈어린 왕자〉에서 인사말의 중요성은 누누이 지적해 왔습니다. 이 작품에서 인사는 단순한 인사가 아니라 작품의 시간적 배경을 설명하는 것이라는 말과 함께. 따라서 불어나 영어처럼 따로 아침, 저녁 구분이 없는 우리 인사말로는 Bonjour는 '좋은 아침'으로 번역해 주어야만 이 작품을 제대로 이해할 수 있다는 말도 함께 말입니다.

그런데 여기서 영역자는 좋은 아침이라는 의미의 Good morning이라는 아침 인사 대신 시간 개념을 알 수 없는 보통의 인사 "Hello"를 쓰고 있는 것입니다. 그렇다면 과연 이건 틀린 것일까요?

그렇지 않습니다. 오히려 영역자는 지금의 시간대가 '아침'이 아니므로 'Good morning'이라고 옮길 수는 없었던 것입니다.

이건 무슨 소리일까요?

사실 불어의 Bonjour는 아침 인사라기보다는 해가 떠 있는 온

전한 '하루'의 인사를 의미합니다. 따라서 해가 떠 있는 시간 어느 때라도 할 수 있는 인사말이 Bonjour지만, 영어는 또 달라서 Good morning은 아침에만 쓰는 인사였기에 영역자는 당연히 여기서는 'Good morning'이라고 옮길 수 없었기에 Hello를 썼던 것입니다. 뒤에 나오는 Adieu는 작별 인사이니, 당연히 "Goodbye."라고 한 것이고요.

다음은 어린 왕자와 꽃(나무)가 나누는 대화의 어투인데, 불어는 vous와 tu로 높임말과 낮춤말을 분명하게 구분하지만 영어에서는 그것을 특별히 구분해 표기할 수 있는 방법은 없습니다. 다만 정중한 표현으로 존대를 표현하는 것이지요.

그런데 이곳 18장에는 공교롭게도 vous와 tu가 한 번도 나오지 않습니다. 그렇다면 이 둘의 대화는 어떤 어투로 이루어졌을까요? 과연 그냥 역자 임의로 상상할 수밖에 없는 것일까요?

그렇지 않습니다. 글은 이것도 되고 저것도 되는 법은 없기 때문입니다. 작가인 생텍쥐페리는 영리하게(?), 혹은 자연스럽게 그 차이를 이렇게 만들어 두고 있는 것입니다.

어린 왕자가 꽃에게 이렇게 묻습니다.

- Où sont les hommes? demanda **poliment** le petit prince.

직역하면,

"사람들은 어디에 있나요?" 어린 왕자가 공손하게 물었다. (이정서 역)

작가는 여기서 분명히 공손하게/예의 바르게poliment 물었다, 라고 쓰면서 말을 높였다는 뉘앙스를 주고 있는 것입니다.

영역자는 저것을 있는 그대로 받아, 이렇게 번역합니다.

"Where are the men?" the little prince asked, politely.

(캐서린 우즈 역)

불어의 의미를 살려 공손하게/예의 바르게politely 물었다고 정확하게 번역한 것입니다. 그런데 다시 저것이 뭐 그리 중요하냐고 물을 수 있을 것입니다. 그러나 사실 저 어투에 이 작품의 성격이 고스란히 담겨 있는 것입니다. 한마디로 작가가 헌사에서부터 밝히고 있듯, 어른보다 아이들을 더욱 '정중하게 대하는 마음' 말입니다.

한마디로 정리하면, 곳곳에서 어린 왕자는 대화를 나누는 상대의 나이를 떠나 말을 낮추기도 하고 높이기도 하는데, 이번 장에서는 처음부터 끝까지 존대를 하고 있는 것입니다. 바로 어린아이끼리는 오히려 서로에게 존대하며 깊고 의미 있는 대화를 나누고 있다는 것을 보여 주고자 했던 것입니다.

그렇다면 꽃나무는 말을 높였다고 어떻게 확신할 수 있느냐? 의문을 제기할 수도 있을 것입니다. 그래서 작품은 어느 한 부분을 떼어놓고 보면 확인할 수 없는 것도 전체를 두고 보면 전혀 어렵지 않게 연결이 되고 해석이 가능해진다는 말씀을 누누이 드리고 있는 것입니다.

무슨 소리인가 하면, 앞에서 어린 왕자는 갓 피어난 어린 꽃에게 존대vous를 합니다(꽃이 자랐을 때는 오히려 반말tu을 합니다). 그것이 바로 여기에 연결되는 것입니다.

따라서 이것을 우리말로 바르게 번역을 하면 이와 같이 되는 것입니다.

어린 왕자는 사막을 가로질러 갔고 단지 꽃 하나를 만났다. 세 개의 잎을 가진 꽃, 어떤 특색도 없는 꽃 하나……

"안녕하세요." 어린 왕자가 말했다.

"안녕하세요." 꽃이 말했다.

"사람들은 어디에 있나요?" 어린 왕자가 공손하게 물었다.

그 꽃은, 어느 날, 카라반 한 무리가 지나는 걸 본 적이 있다.

"사람들이요? 그게 있긴 한 거 같아요, 내 생각엔, 예닐곱 명쯤. 나는 몇 해 전에 그들을 보았어요. 하지만 어디서 그들을 찾을 수 있을지 누구도 결코 알지 못해요. 바람이 그들을 몰고 다니거든요. 그들은 뿌리가 부족해서, 그것이 그들을 많이 어렵게 해요."

"안녕히 계세요." 어린 왕자가 말했다.

"안녕히 가세요." 꽃이 말했다. (이정서 역)

다시 이것이 왜 그렇게 중요한가 하면, 인사의 시간적 개념과, 이 작품이 가진 '아이'에 대한 존중심을 깨닫지 못하고 번역을 하면 보통 이런 식이 되어 원래의 작품 의도가 완전히 사라져 버리기 때문입니다.

어린 왕자는 사막을 가로질렀으나, 단지 꽃 한 송이를 만났다. 꽃잎을 셋 가진 꽃 한 송이, 아무 것도 아닌 꽃 한 송이…….

「안녕.」 어린 왕자가 말했다.

「안녕.」 꽃이 말했다.

「사람들은 어디 있지?」 어린 왕자가 점잖게 물었다.

그 꽃은 어느 날 대상(隊商)이 지나가는 것을 본 적이 있었다.

「사람들? 예닐곱쯤 있는 것 같아. 몇 년 전에 그들을 보았지. 하지만 어디 가야 만날 수 있을지 전혀 알 길이 없어. 바람이 그들을 몰고 다니지. 그들은 뿌리가 없어서 아주 곤란을 겪는 거야.」

「안녕히.」 어린 왕자가 말했다.

「안녕히.」 꽃이 말했다. (황** 역)

XIX

Le petit prince fit l'ascension d'une haute montagne. Les seules montagnes qu'il eût jamais connues étaient les trois volcans qui lui arrivaient au genou. Et il se servait du volcan éteint comme d'un tabouret. « D'une montagne haute comme celle-ci, se dit-il donc, j'apercevrai d'un coup toute la planète et tous les hommes… » Mais il n'aperçut rien que des aiguilles de roc bien aiguisées.

– Bonjour, dit-il à tout hasard.

– Bonjour… Bonjour… Bonjour… répondit l'écho.

– Qui êtes-vous? dit le petit prince.

– Qui êtes-vous… qui êtes-vous… qui êtes-vous… répondit l'écho.

– Soyez mes amis, je suis seul, dit-il.

– Je suis seul… je suis seul… je suis seul… répondit l'écho.

19

어린 왕자는 높은 산으로 올라갔다. 그가 알고 있던 산들이라고 해야 그의 무릎 높이에 불과한 세 개의 화산이 전부였다. 그는 휴화산을 발판처럼 쓰곤 했었다. '이처럼 높은 산에서라면…' 그는 생각했다. '별 전체와 모든 사람들을 한눈에 볼 수 있겠는데……' 그러나 그는 매우 뾰족한 바위 꼭대기밖에는 알아볼 수 없었다.

"좋은 아침." 그는 어찌 되든 간에 말했다.

"좋은 아침… 좋은 아침… 좋은 아침……" 메아리가 대답했다.

"당신들은 누구세요?" 어린 왕자가 말했다.

"당신은 누구세요… 당신은 누구세요… 당신은 누구세요……" 메아리가 대답했다.[*]

"내 친구가 되어 줘요. 나는 혼자예요." 그가 말했다.

"나는 혼자예요… 나는 혼자예요… 나는 혼자예요……" 메

271

« Quelle drôle de planète! pensa-t-il alors. Elle est toute sèche, et toute pointue et toute salée. Et les hommes manquent d'imagination. Ils répètent ce qu'on leur dit… Chez moi j'avais une fleur: elle parlait toujours la première… »

아리가 대답했다.

'재미있는 별이네!' 그는 생각했다. '전부 메마르고, 날카롭고, 터무니없어. 그리고 사람들이 상상력이 부족해. 한 말을 따라 하고 있잖아… 우리 집엔 꽃 한 송이가 있었지. 그녀는 항상 먼저 말을 했는데……'

*vous는 복수형인 동시에 2인칭 존칭이다. 어린 왕자는 산 너머에서 인사를 해오는 목소리들이 메아리인지 모르고 당신들(vous)로 묻고, 되돌아오는 목소리는 당신(vous)으로 받아들였던 것이다. 따라서 'Qui êtes-vous'는 "당신들은 누구세요?"와 "당신은 누구세요"로 달리 번역해야 맞다.

✦ Note ✦

이번 장은 메아리와의 '대화'라는 독특한 구성을 통해 특별히 불어의 언어적 특성을 명백히 보여 주는 장입니다.

무슨 소리인가 하면,

1. 지구가 처음인 어린 왕자에게 높은 산 역시 처음인 것이고, 메아리라는 것도 처음 경험하게 되는 셈입니다. 사람을 찾아다니다 산에 오른 어린 왕자는 누군가라도 대답해 주길 바라며 저쪽을 향해 소리를 칩니다. 'Bonjour.' 하고 말입니다. 보이지 않는 누군가에게 인사를 한 것입니다.

그 목소리가 저쪽 산에 부딪혀 공명되어 되돌아옵니다. 그것도 한 번이 아니고 여러 번, 아주 약간의 시간차와 목소리 톤을 달리해서. 따라서 메아리를 처음 겪어 보는 어린 왕자는 그 목소리들이 여러 사람이 자신에게 인사를 해오는 것으로 착각하는 것입니다. 물론 되돌아오는 그 목소리는 자신의 것이니 곧, 전부 아이들의 목소리로 들리는 것입니다. 그래서 복수형으로 묻는 것입니다. 'Qui êtes-vous? 당신들은 누구세요?' 하고.

그러자 메아리가 똑같이 대답합니다. Qui êtes-vous… qui êtes-vous… qui êtes-vous… 당연히 똑같은 의미로 되돌아오는 것이지만 어린 왕자에게 저것은 어떻게 들릴까요? 과연 "당신들은 누구세요?"로 들렸을까요? 결코 그럴 수 없는 것입니다. 어린 왕자는 여러 아이들이 자신에게 2인칭 존칭을 써서 물어오는 것이라고 오해하는 것입니다. '당신은 누구세요?' 하고 말입니다.

불어에서 vous는 당신이라는 2인칭 존칭과 '여러분'이라는 복수의 의미를 가지니까(발음도 같습니다) 이런 구성이 가능한 것이기도 하지만, 다시 그러니까, 저것을 존칭으로 들었다는 증거도 없지 않느냐 물을 수도 있을 것입니다. 그러나 그 역시 이 작품에서 작가든, 화자든, 어린 왕자든 '아이'에게는 높임말을 쓰고 있다는 점을 염두에 두어야 하는 것입니다.

아무튼 저쪽에서 여러 아이들이 높임말로 '당신은 누구세요?'라고 물어오니까, 어린 왕자는 다시 이렇게 대답하는 것입니다.

"Soyez mes amis, je suis seul,"

번역하면, "내 친구가 되어 줘요, 나는 혼자예요."입니다.

그런데 여기서 seul이 우리말 외롭다는 의미도 있으니 과연 어

275

떤 게 맞을까요? 우리 역자들은 모두 '외롭다'라고 한 것을 볼 수 있습니다.

그러나 이 역시 맥락에 비추어보면 '혼자'라는 의미라는 것을 의심할 필요는 없을 것입니다.

저쪽은 여러 사람이고 이쪽은 혼자이니, 당연히 '나는 혼자야'라고 하는 게 상식적일 것이기 때문입니다. 실상 어린 왕자는 평생을 '혼자' 살아온 사람입니다. '외로움'이라는 감정 역시 정확히 언어로 규정할 수 없었을지도 모릅니다. 그러므로 뒤에 쓰이는 seul 역시 모두, '외롭다'가 아니라 '혼자'라는 의미인 것입니다.

그런데 거기에 그치지 않고 메아리는 이 말을 다시 똑같이 되돌려 보내는 것입니다.

"나는 혼자예요… 나는 혼자예요… 나는 혼자예요……."
(이정서 역)

그러자 어린 왕자는 의아해하는 것입니다. 자기들은 여럿이면서 왜 혼자라고 하는 것인지. 더군다나 왜 자기 말을 따라 하고 있는 것인지…….

메아리라는 것을 모르는 어린 왕자를 끝까지 오해했던 것입니다.

그러곤 다시 자기 별에 두고 온 꽃을 생각하는 것입니다. 항상 먼저 말을 걸어 주던 그 꽃을. 같이 있을 때는 그게 그렇게 귀찮았는데, 이제 보니 그게 고마운 일이었다는 사실도 깨닫게 되면서 말입니다.

그런데 이것이 우리 번역은 이런 식으로 되어 있습니다.

「안녕.」 그는 무턱대고 말을 했다.

「안녕…… 안녕…… 안녕……」 메아리가 대답했다.

「너희들 누구냐?」 어린 왕자가 말했다.

「너희들은 누구…… 너희들은 누구…… 너희들은 누구……」 메아리가 대답했다.

「내 친구가 되어 줘. 난 외로워.」 그가 말했다.

「난 외로워…… 난 외로워…… 난 외로워……」 메아리가 대답했다.

그래서 그는 생각했다. 〈별 이상한 별이 다 있네! 아주 메마르고, 아주 날카롭고, 아주 각박한 별이야. 게다가 사람들은 상상력이 없어. 말을 해주면 그 말을 되풀이 하고…… 내 별엔 꽃이 한 송이 있었지. 그 꽃은 언제나 먼저 말을 걸었는데……〉 (황** 역)

277

역자는 지금, 메아리가 돌려보내는 저 말을 어린 왕자도 똑같이 '너희들은 누구니?'라고 묻고 있는 것으로 본 것입니다. 만약 어린 왕자에게 저것이 저렇게 들렸다면 그다음 말을 할 수 없게 되는 것이지요. 자기는 혼자인데, 너희들은 누구냐고 물어오는데 전혀 이상해하지 않고 다음 말을 할 수는 없는 것이니까요. '나는 혼자니, 친구가 되어 달라'고 말입니다.

어린 왕자가 돌아온 메아리에 전혀 거리낌 없이 저렇게 대답한다는 점에서도 어린 왕자에게 저 말은 복수형이 아니라 2인칭 존칭으로 들렸다는 방증인 셈이기도 한 것입니다.

위의 역자는 seul도 '혼자'가 아닌 '외롭다'는 의미로 해석하고 있는 것도 볼 수 있습니다. 어린 왕자가 줄곧 반말을 하고 있는 것으로 옮긴 것 또한 문법적으로도 잘못된 것입니다. 문장은 분명 vous를 쓰고 있기 때문입니다.

그렇다면 존댓말과 반말의 구분이 없는 영어는 어떻게 옮겨졌을까요?

"Good morning," he said courteously.

"Good morning—Good morning—Good morning," answered

the echo.

"Who are you?" said the little prince.

"Who are you—Who are you—Who are you?" answered the echo.

"Be my friends. I am all alone," he said.

"I am all alone—all alone—all alone," answered the echo.

(캐서린 우즈 역)

1. 첫줄에 영역자는 à tout hasard(어찌 되든 간에)를 courteously 로 바꾸어 옮긴 것을 볼 수 있습니다. 명백히 오역입니다. 그런데 영역자는 왜 이런 눈에 띄는 오역을 한 것일까요? 그것도 다름 아닌 정중하게(courteously)라는 단어로. 앞의 번역들에 비추어 볼 때, 영역자도 어린 왕자가 말을 높였다고 본 것입니다.

2. 영역자가 Bonjour를 Good morning으로 옮긴 것이나, Qui êtes-vous?를 Who are you로 옮긴 것 역시, 너무나 당연한 것입니다.

영역자 역시 여기서 '나는 단지 혼자다I am all alone'라고 하고 있는 것도 확인할 수 있습니다.

XX

Mais il arriva que le petit prince, ayant longtemps marché à travers les sables, les rocs et les neiges, découvrit enfin une route. Et les routes vont toutes chez les hommes.

– Bonjour, dit-il.

C'était un jardin fleuri de roses.

– Bonjour, dirent les roses.

Le petit prince les regarda. Elles ressemblaient toutes à sa fleur.

– Qui êtes-vous? leur demanda-t-il, stupéfait.

– Nous sommes des roses, dirent les roses.

– Ah! fit le petit prince…

Et il se sentit très malheureux. Sa fleur lui avait raconté qu'elle était seule de son espèce dans l'univers. Et voici qu'il en était cinq mille, toutes semblables, dans un seul jardin!

20

그러나 어린 왕자는, 오랜 시간 사막과, 바위들과 눈들을 가로질러 걸은 끝에, 마침내 길 하나를 발견했다. 그리고 길들은 전부 사람들에게로 향한다.

"좋은 아침이네요." 그가 말했다.

그곳은 장미가 가득 피어 있는 정원이었다.

"좋은 아침이에요." 장미들이 말했다.

어린 왕자는 둘러보았다. 그네들은 모두 자신의 꽃을 닮아 있었다.

"당신들은 누구세요?" 그는 어안이 벙벙해져서 물었다.

"우리는 장미들이에요." 장미들이 말했다.

"아!" 어린 왕자는 소리를 냈다……

그리하여 그는 몹시 불행하다고 느꼈다. 그의 꽃은 그에게 자신 같은 종류는 우주에서 하나뿐이라고 말했었다. 그런데 여기 단 하나의 정원에 전부 비슷한 것이 오천 개나 있다니!

« Elle serait bien vexée, se dit-il, si elle voyait ça… elle toussserait énormément et ferait semblant de mourir pour échapper au ridicule. Et je serais bien obligé de faire semblant de la soigner, car, sinon, pour m'humilier moi aussi, elle se laisserait vraiment mourir… »

Puis il se dit encore: « Je me croyais riche d'une fleur unique, et je ne possède qu'une rose ordinaire. Ça et mes trois volcans qui m'arrivent au genou, et dont l'un, peut-être, est éteint pour toujours, ça ne fait pas de moi un bien grand prince… » Et, couché dans l'herbe, il pleura.

'그녀는 무척 기분이 상할 거야.' 그는 생각했다. '만약 그녀가 보면⋯ 엄청나게 기침을 하고 우스꽝스러운 상황을 모면하기 위해 죽은 체할 테지. 그리고 나는 정말 어쩔 수 없이 마음을 써주는 체해야만 해. 왜냐하면, 안 그러면, 내게 또한 창피를 주기 위해, 그녀는 자신을 정말 죽게 내버려 두려 할 테니까⋯⋯.'

그러고 나서 그는 다시 생각했다. '나는 유일한 꽃 한 송이로 부유하다고 믿으면서, 평범한 장미 하나에 급급했던 거야. 그것과 내 무릎만 한, 그중 하나는 아마 영원히 죽었을 화산 세 개가 나를 훌륭한 왕자로 만들어 주는 건 아니었는데⋯⋯.' 그리고, 풀밭에 누워서, 그는 울었다.

Et, couché dans l'herbe, il pleura.

그리고, 풀밭에 누워서, 그는 울었다.

∗ Note ∗

20장은 어린 왕자가 깊게 자책하는 장입니다. 우리는 지금까지 이 장을 읽으면서 어린 왕자가 마치 앙탈이 심한 꽃에게 속아 자기 별을 떠나오게 된 것을 원망하는 것 같은 느낌을 받아 왔습니다. 그러나 실제 이 장이 말하고자 했던 것은 그런 맥락과는 조금 다릅니다.

무슨 소리인가 하면, 어린 왕자는 자신의 꽃이 우주에서 유일한 게 아니라 지구 어디에서나 볼 수 있는 흔한 장미였다는 걸 깨닫고 슬펐던 게 아닙니다. 자신도 사실은 '좋은 왕자'가 아니었다는 사실을 뒤늦게 깨닫고 슬펐던 것입니다.

기존 번역은 이렇게 되어 있습니다.

'내 꽃이 이걸 보면 무척 속상할 거야……' 하고 어린 왕자는 생각했다. '아마 기침을 마구 해대며 창피한 꼴을 면하려고 죽는 시늉을 할지도 몰라. 그럼 나는 그를 간호해주는 척해야겠지. 그러지 않으면 내게 죄책감을 주려고 정말로 죽어버릴지도 몰

라……'

그리고 어린 왕자는 이런 생각도 했다. '난 이 세상에 단 하나밖에 없는 꽃을 가진 부자인 줄만 알고 있었지. 그런데 알고 보니 내가 가진 꽃은 겨우 평범한 장미꽃이군. 그리고 기껏 무릎까지밖에 안 오는 화산 세 개. 그중 하나는 영영 꺼져버렸는지도 모르는데, 그 정도 가지고는 대단한 왕자가 되긴 틀렸어……'

그래서 그는 풀밭에 엎드려 울었다. (김** 역)

이 장미들과의 대화 역시 어린 왕자는 나이를 떠나 높임말을 하고 있는 것을 알 수 있습니다. 그것을 어찌 아는가 하면 중간에 다음과 같은 말이 나오기 때문입니다.

– Qui êtes-vous? leur demanda-t-il, stupéfait.

여기서 vous가 '여러분'을 가리키든, '당신들'을 가리키든 이 작품에는 서술어가 높임말이 된다는 것은 앞에서부터 보아 왔습니다. 그러나 위의 번역은 보다시피 모두 말을 낮추고 있습니다. 잘못된 번역인 것입니다.

XXI

C'est alors qu'apparut le renard.

— Bonjour, dit le renard.

— Bonjour, répondit poliment le petit prince, qui se retourna mais ne vit rien.

— Je suis là, dit la voix, sous le pommier.

— Qui es-tu? dit le petit prince. Tu es bien joli…

— Je suis un renard, dit le renard.

— Viens jouer avec moi, lui proposa le petit prince. Je suis tellement triste…

— Je ne puis pas jouer avec toi, dit le renard. Je ne suis pas apprivoisé.

— Ah! pardon, fit le petit prince.

Mais, après réflexion, il ajouta:

— Qu'est-ce que signifie « apprivoiser »?

21

여우가 나타난 것은 그때였다.

"좋은 아침." 여우가 말했다.

"좋은 아침이에요." 공손하게 대답한 어린 왕자가, 뒤를 돌아보았지만, 아무것도 보이지 않았다.

"나는 여기 있어." 목소리가 말했다. "사과나무 밑에."

"당신은 누구야?" 어린 왕자가 말했다. "정말 멋지다……."

"나는 여우야." 여우가 말했다.

"나랑 같이 놀래?" 어린 왕자가 제안했다. "나는 많이 슬프거든……."

"나는 너랑 같이 놀 수 없어." 여우가 말했다. "나는 길들여지지 않았거든."

"아, 미안." 어린 왕자가 사과했다.

하지만, 깊이 생각한 후에, 그는 덧붙였다.

"'길들이다'가 무슨 뜻이야?"

– Tu n'es pas d'ici, dit le renard, que cherches-tu?

– Je cherche les hommes, dit le petit prince. Qu'est-ce que signifie « apprivoiser »?

– Les hommes, dit le renard, ils ont des fusils et ils chassent. C'est bien gênant! Ils élèvent aussi des poules. C'est leur seul intérêt. Tu cherches des poules?

– Non, dit le petit prince. Je cherche des amis. Qu'est-ce que signifie « apprivoiser »?

– C'est une chose trop oubliée, dit le renard. Ça signifie « créer des liens… »

– Créer des liens?

"너 여기 사는 게 아니구나." 여우가 말했다. "너는 무엇을 찾고 있니?"

"나는 사람들을 찾고 있어." 어린 왕자가 말했다. "'길들이다'가 무슨 뜻이야?"

"사람들은, 총을 가지고 있고, 사냥을 해. 그건 정말 불쾌한 일이야!" 여우가 말했다. "그들은 또한 닭들을 키우지. 그게 그들의 유일한 수익이야. 너는 닭들을 찾고 있니?"

"아니야, 나는 친구를 찾고 있어." 어린 왕자가 말했다. "'길들이다'가 무슨 뜻이야?"

"그건 너무 잊혔어," 여우가 말했다. "그건 '관계를 맺는다'라는 뜻이야."

"관계를 맺는다고?"

— Bien sûr, dit le renard. Tu n'es encore pour moi qu'un petit garçon tout semblable à cent mille petits garçons. Et je n'ai pas besoin de toi. Et tu n'as pas besoin de moi non plus. Je ne suis pour toi qu'un renard semblable à cent mille renards. Mais, si tu m'apprivoises, nous aurons besoin l'un de l'autre. Tu seras pour moi unique au monde. Je serai pour toi unique au monde…

— Je commence à comprendre, dit le petit prince. Il y a une fleur… je crois qu'elle m'a apprivoisé…

— C'est possible, dit le renard. On voit sur la Terre toutes sortes de choses…

— Oh! ce n'est pas sur la Terre, dit le petit prince.

Le renard parut très intrigué:

— Sur une autre planète?

— Oui.

— Il y a des chasseurs, sur cette planète-là?

— Non.

— Ça, c'est intéressant! Et des poules?

— Non.

"물론이야," 여우가 말했다. "너는 아직 내게 수많은 작은 사내아이들처럼 한 작은 사내아이에 불과해. 그리고 나는 네가 필요하지 않아. 너 또한 내가 필요하지 않고. 나도 네게 수많은 여우들처럼 한 마리 여우에 지나지 않는 거야. 하지만, 만약 네가 나를 길들이면, 우리는 서로서로 필요하게 되는 거지. 너는 내게 세상에서 유일한 존재가 되는 거야. 나는 네게 세상에서 유일한 존재가 되는 거고……."

"이해하기 시작했어," 어린 왕자가 말했다. "꽃이 하나 있는데… 나는 그녀가 나를 길들인다고 생각했어……."

"가능한 일이지," 여우가 말했다. "우리는 지구에서 별의별 일을 다 보니까……."

"아! 지구가 아니야!" 어린 왕자가 말했다.

여우는 몹시 당황한 듯했다.

"다른 별이라고?"

"응."

"사냥꾼들이 있니, 이 별에서처럼?"

"아니."

"오케이, 그거 흥미롭네! 그럼 닭들은?"

"없어."

293

– Rien n'est parfait, soupira le renard.

Mais le renard revint à son idée:

– Ma vie est monotone. Je chasse les poules, les hommes me chassent. Toutes les poules se ressemblent, et tous les hommes se ressemblent. Je m'ennuie donc un peu. Mais, si tu m'apprivoises, ma vie sera comme ensoleillée. Je connaîtrai un bruit de pas qui sera différent de tous les autres. Les autres pas me font rentrer sous terre. Le tien m'appellera hors du terrier, comme une musique. Et puis regarde! Tu vois, là-bas, les champs de blé? Je ne mange pas de pain. Le blé pour moi est inutile. Les champs de blé ne me rappellent rien. Et ça, c'est triste! Mais tu as des cheveux couleur d'or. Alors ce sera merveilleux quand tu m'auras apprivoisé! Le blé, qui est doré, me fera souvenir de toi. Et j'aimerai le bruit du vent dans le blé…

Le renard se tut et regarda longtemps le petit prince:

– S'il te plaît… apprivoise-moi! dit-il.

"완벽한 건 아무것도 없지."

여우가 한숨을 쉬었다.

하지만 여우는 그의 생각으로 돌아왔다.

"내 생활은 단조롭지. 나는 닭들을 사냥하고, 사람들은 나를 사냥해. 모든 닭들이 닮았고, 모든 사람들이 닮았어. 그래서 좀 지루해. 하지만, 만약 네가 나를 길들인다면, 내 생활은 햇볕이 드는 것 같을 거야. 나는 모든 다른 이들이 내는 것과는 다른 발자국 소리를 알게 되는 거지. 다른 이들의 걸음은 나를 동굴로 되돌아가게 해. 네 것은 나를 동굴 밖으로 불러낼 거야, 음악 소리처럼. 그리고 봐! 보이지, 저기 아래, 밀밭 말야? 나는 빵을 먹지 않아. 밀은 내게 아무 소용없는 거야. 저 밀밭은 결코 나를 불러내지 못할 거야. 아무렇든, 슬픈 일이야! 하지만 너는 금빛 머리를 가졌어. 그러니까 네가 나를 길들이면 굉장한 일인 거야! 밀은, 금빛이니까, 내게 너를 떠올리게 할 거야. 나는 밀밭의 바람 소리도 좋아하게 되겠지……"

여우는 침묵하며 오랫동안 어린 왕자를 바라보았다.

"부탁인데S'il te plaît… 나를 길들여줄래!" 그가 말했다.

— Je veux bien, répondit le petit prince, mais je n'ai pas beaucoup de temps. J'ai des amis à découvrir et beaucoup de choses à connaître.

— On ne connaît que les choses que l'on apprivoise, dit le renard. Les hommes n'ont plus le temps de rien connaître. Ils achètent des choses toutes faites chez les marchands. Mais comme il n'existe point de marchands d'amis, les hommes n'ont plus d'amis. Si tu veux un ami, apprivoise-moi!

— Que faut-il faire? dit le petit prince.

— Il faut être très patient, répondit le renard. Tu t'assoiras d'abord un peu loin de moi, comme ça, dans l'herbe. Je te regarderai du coin de l'œil et tu ne diras rien. Le langage est source de malentendus. Mais, chaque jour, tu pourras t'asseoir un peu plus près…

Le lendemain revint le petit prince.

— Il eût mieux valu revenir à la même heure, dit le renard. Si tu viens, par exemple, à quatre heures de l'après-midi, dès trois heures je commencerai d'être heureux. Plus l'heure avancera, plus je me sentirai heureux. À quatre heures, déjà, je m'agiterai

"나도 그러고 싶은데…" 어린 왕자가 대답했다. "하지만 나는 시간이 많지 않아. 나는 친구들을 찾아야 하고, 알아야 할 것도 너무 많아."

"우리는 우리가 길들인 것이 아니면 알 수 없는 거야." 여우가 말했다.

"사람들은 더 이상 뭔가를 알기 위해 시간을 쓰지 않아. 그들은 가게에서 전부 만들어진 것들을 사지. 하지만 친구들을 파는 곳이 없는 것처럼, 사람들은 더 이상 친구를 가질 수 없어. 만약 네가 친구를 원한다면, 나를 길들이렴!"

"어떻게 하면 되는데?" 어린 왕자가 물었다.

"매우 참을성이 있어야 해." 여우가 대답했다. "너는 우선 나로부터 조금 떨어져 앉아서, 그렇게, 풀밭에 있는 거지. 나는 너를 곁눈으로 바라보고, 너는 아무 말도 않는 거야. 말은 오해의 근원이니까. 하지만 너는 매일, 조금씩 가까이 와서 앉을 수 있는 거지…….."

다음 날 어린 왕자가 돌아왔다.

"같은 시간에 돌아왔으면 더 좋았을 텐데…" 여우가 말했다. "만약 네가, 예를 들어, 오후 4시에 온다면, 나는 3시부터 행복해지기 시작하겠지. 시간이 흐르면서 나는 더욱더 행복을 느낄 거

297

et m'inquiéterai ; je découvrirai le prix du bonheur! Mais si tu viens n'importe quand, je ne saurai jamais à quelle heure m'habiller le cœur... Il faut des rites.

– Qu'est-ce qu'un rite? dit le petit prince.

– C'est aussi quelque chose de trop oublié, dit le renard. C'est ce qui fait qu'un jour est différent des autres jours, une heure, des autres heures. Il y a un rite, par exemple, chez mes chasseurs. Ils dansent le jeudi avec les filles du village. Alors le jeudi est jour merveilleux! Je vais me promener jusqu'à la vigne. Si les chasseurs dansaient n'importe quand, les jours se ressembleraient tous, et je n'aurais point de vacances.

Ainsi le petit prince apprivoisa le renard. Et quand l'heure du départ fut proche:

– Ah! dit le renard... Je pleurerai.

– C'est ta faute, dit le petit prince, je ne te souhaitais point de mal, mais tu as voulu que je t'apprivoise...

– Bien sûr, dit le renard.

– Mais tu vas pleurer! dit le petit prince.

– Bien sûr, dit le renard.

야. 4시에, 이미, 나는 불안해하면서 걱정할 거야. 나는 기쁨의 값을 치르는 거지! 하지만 만약 네가 되는대로 온다면, 나는 결코 마음으로 옷 입을 시간을 알지 못할 거야. 의례대로 해야 해."

"의례가 뭐야?" 어린 왕자가 물었다.

"그것 또한 얼마간 잊혀진 거야," 여우가 말했다. "그것은 다른 날과는 다른 하루, 다른 시간과는 다른 한 시간을 만드는 거지. 예를 들어, 나를 잡으려는 사냥꾼 집에도, 의례가 있어. 그들은 목요일이면 마을 아가씨들과 춤을 춰. 그래서 목요일은 내게 굉장한 날이야! 나는 포도밭까지 산책을 나가는 거지. 만약 사냥꾼들이 되는대로 춤을 춘다면, 나날이 전부 같을 테니, 나는 쉬는 날이 없게 될 거야."

그렇게 어린 왕자는 여우를 길들였다. 그리고 떠날 시간이 다가왔다.

"아!" 여우가 말했다… "나 울음이 나."

"그건 네 잘못이야," 어린 왕자가 말했다. "나는 네가 아프길 바라지 않았는데, 하지만 너는 내가 길들여 주길 바랐잖아…."

"물론이야." 여우가 말했다.

"하지만 넌 울고 있잖아!" 어린 왕자가 말했다.

"물론이야." 여우가 말했다.

– Si tu viens, par exemple, à quatre heures de l'après-midi,
dès trois heures je commencerai d'être heureux.

"만약 네가, 예를 들어, 오후 4시에 온다면,
나는 3시부터 행복해지기 시작하겠지."

— Alors tu n'y gagnes rien!

— J'y gagne, dit le renard, à cause de la couleur du blé.

Puis il ajouta:

— Va revoir les roses. Tu comprendras que la tienne est unique au monde. Tu reviendras me dire adieu, et je te ferai cadeau d'un secret.

Le petit prince s'en fut revoir les roses.

— Vous n'êtes pas du tout semblables à ma rose, vous n'êtes rien encore, leur dit-il. Personne ne vous a apprivoisées et vous n'avez apprivoisé personne. Vous êtes comme était mon renard. Ce n'était qu'un renard semblable à cent mille autres. Mais j'en ai fait mon ami, et il est maintenant unique au monde.

Et les roses étaient bien gênées.

— Vous êtes belles, mais vous êtes vides, leur dit-il encore. On ne peut pas mourir pour vous. Bien sûr, ma rose à moi, un passant ordinaire croirait qu'elle vous ressemble. Mais à elle seule elle est plus importante que vous toutes, puisque c'est elle que j'ai arrosée. Puisque c'est elle que j'ai mise sous globe. Puisque c'est elle que j'ai abritée par le paravent. Puisque

"그렇게 넌 얻은 게 아무것도 없네."

"얻은 게 있어." 여우가 말했다. "밀 색깔 때문에."

그러고 나서 그는 덧붙였다.

"장미들을 다시 보러 가. 너는 네 장미가 세상에서 유일하다는 것을 이해할 거야. 내게 돌아와서 안녕이라고 말해 줄래, 그러면 나는 네게 한 가지 비밀스러운 선물을 줄게."

어린 왕자는 장미들을 다시 보러 갔다.

"당신들은 내 장미와 전혀 닮지 않았어요. 아직 아무것도 아닌 거예요." 그는 말했다. "누구도 당신들을 길들이지 않았고, 당신들은 누구도 길들이지 않았어요. 당신들은 내 여우 같은 거예요. 그는 수많은 여우들을 닮은 한 여우에 지나지 않았죠. 하지만 나는 친구로 만들었고, 이제 세상에서 유일한 게 된 거예요."

그러자 장미들이 무척 불편해했다.

"당신들은 아름다워요. 하지만 공허해요, " 그는 다시 말했다. "누구도 당신들을 위해 죽어 줄 수는 없을 거예요. 물론, 보통 행인들은 내 장미가 당신들을 닮았다고 믿을 거예요. 하지만 하나뿐인 그것이 당신들 전부를 더한 거보다 내겐 더 소중해요. 내가 물을 주었던 게 그거니까요. 내가 유리구를 덮어 준 것도 그거니까요. 내가 바람막이 뒤로 피신시킨 것도, 내가

303

c'est elle dont j'ai tué les chenilles (sauf les deux ou trois pour les papillons). Puisque c'est elle que j'ai écoutée se plaindre, ou se vanter, ou même quelquefois se taire. Puisque c'est ma rose.

Et il revint vers le renard:

– Adieu, dit-il…

– Adieu, dit le renard. Voici mon secret. Il est très simple: on ne voit bien qu'avec le cœur. L'essentiel est invisible pour les yeux.

– L'essentiel est invisible pour les yeux, répéta le petit prince, afin de se souvenir.

– C'est le temps que tu as perdu pour ta rose qui fait ta rose si importante.

– C'est le temps que j'ai perdu pour ma rose… fit le petit prince, afin de se souvenir.

– Les hommes ont oublié cette vérité, dit le renard. Mais tu ne dois pas l'oublier. Tu deviens responsable pour toujours de ce que tu as apprivoisé. Tu es responsable de ta rose…

– Je suis responsable de ma rose… répéta le petit prince, afin de se souvenir.

애벌레를 죽이게 한 것도 (나비가 되도록 두세 마리 남겨 둔 건 제외하고) 그거니까요. 내가 불평이나, 자랑을 들어준 것도, 혹은 가끔 침묵을 지켜 준 것도 그거니까요. 내 장미니까요"

그리고 그는 여우에게로 돌아왔다.

"안녕……." 그가 말했다.

"안녕." 여우가 말했다. "내 비밀은 말이야. 그건 매우 단순한 거야. 우리는 단지 마음으로만 볼 수 있는 거야. 절대로 필요한 건 눈에 보이지 않아."

"절대로 필요한 건 눈에 보이지 않는다." 어린 왕자는 기억하기 위해서 되풀이했다.

"네 장미를 그렇게 소중하게 만든 것은 네 장미를 위해 네가 들인 시간이야."

"내 장미를 위해 내가 들인 시간이다." 어린 왕자는 기억하기 위해서 되풀이했다.

"사람들은 이 진실을 잊고 있어." 여우가 말했다. "그러나 너는 그것을 잊어서는 안 돼. 네가 길들인 것은 영원히 네 책임이 되는 거야. 너는 네 장미에 대해 책임이 있어……."

"나는 내 장미에 대해 책임이 있다……." 어린 왕자는 기억하기 위해서 되풀이했다.

◆ Note ◆

본문 중에 어린 왕자는 이렇게 말합니다.

"사막이 아름다운 건, 어딘가에 우물을 숨기고 있어서야……."

어린 왕자의 표현을 빌려 말하자면, 이번 21장은 어린 왕자라는 작품 속의 '우물' 같은 존재일는지도 모르겠습니다. 어린 왕자와 여우가 나누는 별처럼 빛나는 대화 속에는 우리 삶의 많은 통찰이 어렵지 않게 담겨 있기 때문입니다.

사실 이번 장은 한 문장 한 문장이 언어가 만들어 내는 보석 같다 할 수 있을 터입니다. 그러나 우리는 번역으로 인해 단지 몇 문장만을 기억하고 있을 뿐입니다. 그 역시 원래의 아름다움을 절반도 느끼지 못한 채 말입니다.

그런 점에서 이번 장은 몇몇 문장을 영문과 함께 비교해 보려합니다.

1.

"사람들은, 총을 가지고 있고, 사냥을 해. 그건 정말 불쾌한 일이야!" 여우가 말했다. "그들은 또한 닭들을 키우지. 그게 그들의

306

유일한 수익이야. 너는 닭들을 찾고 있니?"

– Les hommes, dit le renard, ils ont des fusils et ils chassent. C'est bien **gênant**! Ils élèvent aussi des poules. C'est leur seul **intérêt**. Tu cherches des poules?

「사람들은 총을 가지고 있고 사냥을 해. 정말 난처한 것들이야! 그들은 닭도 키우지. 그네들의 유일한 낙이야. 너는 닭을 찾니?」
(황** 역)

"사람들은 말이야," 하고 여우가 말했다. "총을 가지고 사냥을 하지. 그건 정말 곤란한 일이야. 사람들은 또 닭도 기르지. 그들이 관심 있는 건 그것뿐이야. 너도 닭을 찾고 있는 거지?"
(김** 역)

"Men," said the fox. "They have guns, and they hunt. It is very disturbing. They also raise chickens. These are their only interests. Are you looking for chickens?" (캐서린 우즈 역)

역자들은 gênant의 의미를 각각 '난처한', '곤란한'으로 intérêt의

307

의미는 '낙', '관심'으로 본 것입니다. 역시 뉘앙스의 문제이지만 저는 여기서 저것을 각각 '불쾌한', '수익'의 의미로 보았습니다.

단어 하나를 어떻게 보느냐에 따라 위와 같은 큰 차이가 나는 것입니다.

2.

"물론이야." 여우가 말했다. "너는 아직 내게 수많은 작은 사내아이들처럼 한 작은 사내아이에 불과해. 그리고 나는 네가 필요하지 않아. 너 또한 내가 필요하지 않고. 나도 네게 수많은 여우들처럼 한 마리 여우에 지나지 않는 거야. 하지만, 만약 네가 나를 길들이면, 우리는 서로서로 필요하게 되는 거지. 너는 내게 세상에서 유일한 존재가 되는 거야. 나는 네게 세상에서 유일한 존재가 되는 거고……." (이정서 역)

– Bien sûr, dit le renard. Tu n'es encore pour moi qu'un petit garçon tout semblable à cent mille petits garçons. Et je n'ai pas besoin de toi. Et tu n'as pas besoin de moi non plus. Je ne suis pour toi qu'un renard semblable à cent mille renards. Mais, si tu m'apprivoises, nous aurons besoin l'un de l'autre. Tu seras pour moi unique au monde. Je serai pour toi unique au

308

monde…

"물론이지." 여우가 말했다. "넌 나에게 아직은 수없이 많은 다른 어린아이들과 조금도 다를 바 없는 한 아이에 지나지 않아. 그래서 나는 널 별로 필요로 하지 않아. 너 역시 날 필요로 하지 않고. 나도 너에게는 수없이 많은 다른 여우들과 조금도 다를 바 없는 한 마리 여우에 지나지 않지. 하지만 네가 나를 길들인다면 우리는 서로를 필요로 하게 되는 거야. 너는 내게 이 세상에서 하나밖에 없는 존재가 되는 거야. 난 네게 이 세상에서 하나밖에 없는 존재가 될 거고……" (김** 역)

"Just that," said the fox. "To me, you are still nothing more than a little boy who is just like a hundred thousand other little boys. And I have no need of you. And you, on your part, have no need of me. To you, I am nothing more than a fox like a hundred thousand other foxes. But if you tame me, then we shall need each other. To me, you will be unique in all the world. To you, I shall be unique in all the world…" (캐서린 우즈 역)

3.

"내 생활은 단조롭지. 나는 닭들을 사냥하고, 사람들은 나를 사냥해. 모든 닭들이 닮았고, 모든 사람들이 닮았어. 그래서 좀 지루해. 하지만, 만약 네가 나를 길들인다면, 내 생활은 햇볕이 드는 것 같을 거야. 나는 모든 다른 이들이 내는 것과는 다른 발자국 소리를 알게 되는 거지." (이정서 역)

– Ma vie est monotone. Je chasse les poules, les hommes me chassent. Toutes les poules se ressemblent, et tous les hommes se ressemblent. Je m'ennuie donc un peu. Mais, si tu m'apprivoises, ma vie sera comme ensoleillée. Je connaîtrai un bruit de pas qui sera différent de tous les autres.

「내 생활은 단조로워. 나는 닭을 쫓고, 사람들은 나를 쫓고. 닭들은 모두 그게 그거고, 사람들도 모두 그게 그거고. 그래서 난 좀 지겨워. 그러나 네가 날 길들인다면 내 생활은 햇빛을 받은 듯 환해질 거야. 모든 발자국 소리와는 다르게 들릴 발자국 소리를 나는 듣게 될 거야.」 (황★★ 역)

"My life is very monotonous," the fox said. "I hunt chickens;

men hunt me. All the chickens are just alike, and all the men are just alike. And, in consequence, I am a little bored. But if you tame me, it will be as if the sun came to shine on my life. I shall know the sound of a step that will be different from all the others." (캐서린 우즈 역)

4.

"사람들은 더 이상 뭔가를 알기 위해 시간을 쓰지 않아. 그들은 가게에서 전부 만들어진 것들을 사지. 하지만 친구들을 파는 곳이 없는 것처럼, 사람들은 더 이상 친구를 가질 수 없어. 만약 네가 친구를 원한다면, 나를 길들이렴!" (이정서 역)

– Les hommes n'ont plus le temps de rien connaître. Ils achètent des choses toutes faites chez les marchands. Mais comme il n'existe point de marchands d'amis, les hommes n'ont plus d'amis. Si tu veux un ami, apprivoise-moi!

"사람들은 이제 시간이 없어서 아무것도 알지 못하게 되었어. 상점에 가서 다 만들어진 물건들을 사는 거야. 하지만 친구를 파는 상점은 없으니까 사람들은 이제 친구가 없어. 친구를 갖고 싶으

311

면 나를 길들여줘!" (김** 역)

"Men have no more time to understand anything. They
buy things all ready made at the shops. But there is no shop
anywhere where one can buy friendship, and so men have no
friends any more. If you want a friend, tame me…"

(캐서린 우즈 역)

5.

"만약 네가, 예를 들어, 오후 4시에 온다면, 나는 3시부터 행복해
지기 시작하겠지. 시간이 흐르면서 나는 더욱더 행복을 느낄 거
야. 4시에, 이미, 나는 불안해하면서 걱정할 거야. 나는 기쁨의 값
을 치르는 거지! 하지만 만약 네가 되는대로 온다면, 나는 결코
마음으로 옷 입을 시간을 알지 못할 거야. 의례대로 해야 해." (이
정서 역)

– Il eût mieux valu revenir à la même heure, dit le renard. Si tu
viens, par exemple, à quatre heures de l'après-midi, dès trois
heures je commencerai d'être heureux. Plus l'heure avancera,
plus je me sentirai heureux. À quatre heures, déjà, je m'agiterai

312

et m'inquiéterai ; je découvrirai le prix du bonheur! Mais si tu viens n'importe quand, je ne saurai jamais à quelle heure m'habiller le cœur... Il faut des rites.

「가령 오후 4시에 네가 온다면 나는 3시부터 행복해지기 시작할 거야. 시간이 갈수록 난 더 행복해질 것야. 4시가 되면, 벌써, 나는 안달이 나서 안절부절못하게 될 거야. 난 행복의 대가가 무엇인지 알게 될 거야! 그러나 네가 아무 때나 온다면, 몇 시에 마음을 준비해야 할지 알 수 없을 거야……. 의례가 필요해.」 (황★★ 역)

"If, for example, you come at four o'clock in the afternoon, then at three o'clock I shall begin to be happy. I shall feel happier and happier as the hour advances. At four o'clock, I shall already be worrying and jumping about. I shall show you how happy I am! But if you come at just any time, I shall never know at what hour my heart is to be ready to greet you... One must observe the proper rites..." (캐서린 우즈 역)

6.

"내 비밀은 말이야. 그건 매우 단순한 거야. 우리는 단지 마음으로만 볼 수 있는 거야. 절대로 필요한 건 눈에 보이지 않아." (이정서 역)

– Adieu, dit le renard. Voici mon secret. Il est très simple: on ne voit bien qu'avec le cœur. L'essentiel est invisible pour les yeux.

"그럼 비밀을 가르쳐줄게. 아주 간단한 거야. 오직 마음으로 보아야 잘 보인다는 거야. 가장 중요한 건 눈에 보이지 않아." (김** 역)

"And now here is my secret, a very simple secret: It is only with the heart that one can see rightly; what is essential is invisible to the eye." (캐서린 우즈 역)

7.

"네 장미를 그렇게 소중하게 만든 것은 네 장미를 위해 네가 들인 시간이야." (이정서 역)

– C'est le temps que tu as perdu pour ta rose qui fait ta rose si importante.

「네 장미를 그토록 소중하게 만든 건 네가 너의 장미에게 소비한 시간 때문이야」 (황** 역)

"It is the time you have wasted for your rose that makes your rose so important." (캐서린 우즈 역)

8.

"사람들은 이 진실을 잊고 있어." 여우가 말했다. "그러나 너는 그 것을 잊어서는 안 돼. 네가 길들인 것은 영원히 네 책임이 되는 거 야. 너는 네 장미에 대해 책임이 있어……." (이정서 역)

Les hommes ont oublié cette vérité, dit le renard. Mais tu ne dois pas l'oublier. Tu deviens responsable pour toujours de ce que tu as apprivoisé. Tu es responsable de ta rose...

"Men have forgotten this truth," said the fox. "But you must not forget it. You become responsible, forever, for what you have tamed. You are responsible for your rose..." (캐서린 우즈 역)

XXII

– Bonjour, dit le petit prince.

– Bonjour, dit l'aiguilleur.

– Que fais-tu ici? dit le petit prince.

– Je trie les voyageurs, par paquets de mille, dit l'aiguilleur. J'expédie les trains qui les emportent, tantôt vers la droite, tantôt vers la gauche.

Et un rapide illuminé, grondant comme le tonnerre, fit trembler la cabine d'aiguillage.

– Ils sont bien pressés, dit le petit prince. Que cherchent-ils?

– L'homme de la locomotive l'ignore lui-même, dit l'aiguilleur.

Et gronda, en sens inverse, un second rapide illuminé.

– Ils reviennent déjà? demanda le petit prince…

22

"좋은 아침." 어린 왕자가 말했다.

"좋은 아침." 선로변경원이 말했다.

"당신 여기서 뭐 해?" 어린 왕자가 말했다.

"나는 여행객들을 분류하지, 천 명을 기준으로." 선로변경원이 말했다. "나는 그들을 태운 기차를 보내는 거야, 때로는 오른쪽으로 때로는 왼쪽으로."

그때 갑자기 환한 조명을 밝힌 특급열차 한 대가, 천둥소리처럼 우르릉거리며, 선로변경원의 통제소를 흔들었다.

"굉장히 급한 모양이네…" 어린 왕자가 말했다. "그들이 찾고 있는 게 뭘까?"

"그건 사실 기관사조차 모르지." 선로변경원이 말했다.

그때 갑자기, 반대 방향에서, 다음 특급열차가 요란한 소리를 냈다.

"그 사람들이 벌써 오는 거야?" 어린 왕자가 물었다.

— Ce ne sont pas les mêmes, dit l'aiguilleur. C'est un échange.

— Ils n'étaient pas contents, là où ils étaient?

— On n'est jamais content là où l'on est, dit l'aiguilleur.

Et gronda le tonnerre d'un troisième rapide illuminé.

— Ils poursuivent les premiers voyageurs? demanda le petit prince.

— Ils ne poursuivent rien du tout, dit l'aiguilleur. Ils dorment là-dedans, ou bien ils bâillent. Les enfants seuls écrasent leur nez contre les vitres.

— Les enfants seuls savent ce qu'ils cherchent, fit le petit prince. Ils perdent du temps pour une poupée de chiffons, et elle devient très importante, et si on la leur enlève, ils pleurent…

— Ils ont de la chance, dit l'aiguilleur.

"그건 같은 게 아니란다…" 선로변경원이 말했다. "교체하는 거지."

"자기들이 있던 곳이 만족스럽지 못했던 모양이지?"

"어디에 있든 결코 만족 못하지." 선로변경원이 말했다.

그리고 조명이 켜진 세 번째 특급열차가 천둥소리처럼 우르릉거렸다.

"저 사람들은 먼젓번 승객들을 뒤쫓아 가나 보지?" 어린 왕자가 물었다.

"아무것도 뒤쫓는 건 아니야." 선로변경원이 말했다. "그들은 거기서 잠을 자거나, 하품을 하고 있어. 단지 아이들만 창유리에 코를 박고 있을 테고."

"단지 아이들만 그들이 찾고 있는 게 뭔지 아는 거네." 어린 왕자가 말했다. "헝겊 인형을 위해 시간을 보내면서, 그게 정말 소중한 게 돼서, 누군가 자신들의 것을 빼앗으려 하면, 울면서 말야……"

"그들은 다행이구나." 선로변경원이 말했다.

◦ **Note** ◦

이번 장은 왜 이 작품 번역에서 'Bonjour'를 단지 우리말 '안녕'
이라고 번역해서는 안 되는지가 극명히 드러나는 장입니다.

우선 우리의 번역서를 보겠습니다.

「안녕하세요.」 어린 왕자가 말했다.

「안녕.」 전철수(轉轍手)가 말했다.

「아저씬 여기서 무얼 하세요?」 어린 왕자가 물었다.

「나는 여행자들을 가르고 있지, 천 명씩 묶어서.」 전철수가 말했
다. 「그들을 싣고 가는 기차를 어느 때는 오른쪽으로, 어느 때는
왼쪽으로 보내고 있지.」

그때 불을 환하게 켠 급행열차가 천둥 치듯 우르릉거리며 전철수
의 경비실을 흔들었다. (황** 역)

이것을 읽으면 어떤 그림이 그려질까요?

열이면 열, 전조등을 밝히고 달리는 '야간열차'를 떠올릴 것입니
다. 그렇지 않은가요?

그런데 프랑스 독자들은 어떨까요?

아마 우리와는 정반대로 동트는 새벽, 혹은 아주 이른 아침쯤을 떠올릴 것입니다.

도대체 무슨 차이가 있어서 그럴까요?

원문을 보면 이해가 되지요.

– Bonjour, dit le petit prince.

– Bonjour, dit l'aiguilleur.

– Que fais-tu ici? dit le petit prince.

– Je trie les voyageurs, par paquets de mille, dit l'aiguilleur.
J'expédie les trains qui les emportent, tantôt vers la droite,
tantôt vers la gauche.

Et un rapide illuminé, grondant comme le tonnerre, fit
trembler la cabine d'aiguillage.

바로, Bonjour를 보는 순간 원어민들은 자연스레 낮을 떠올리며, 다음 줄의 illuminé를 보면서 이른 아침임을 알게 되는 것입니다. 바로 Bonjour라는 인사 속에 그와 같은 시간적 배경이 담겨 있기 때문입니다. 그런데 우리는 따로 낮 인사라는 것이 없으니

'안녕'이라고 한 것이고, 그러고 나자 시간적 배경이 사라졌고, 오히려 뒤에 나오는 illuminé로 인해, 불을 켜고 달리는 야간열차를 떠올리게 되는 것입니다.

　물론 이건 번역자의 잘못이라기보다는 우선 인사말이라는 문화적 차이에서 오는 것이지만, 번역가는 이 차이를 어찌 되었건 알려 주어야 할 책임이 있었던 것입니다.

　작품 전체를 두고 보았을 때, 생텍쥐페리는 이러한 인사말을 단순히 '안녕'이라는 인사말로 쓴 것이 아니기 때문입니다. 작가는 각 장마다의 시간적 배경을 단지 이 하나로 설명하고 있었던 것입니다. 그렇다는 것은 시적인 문장으로 최대한 간략히 쓰인 이 작품 속에 저 인사말 말고는 시간을 상상할 수 있는 설명은 한마디도 나오지 않기 때문입니다.

　위 번역은 대화를 나누는 두 사람의 어투도 문장과 전혀 맞지 않습니다.

　– Que fais-tu ici? dit le petit prince.

　"당신 여기서 뭐 해?" 어린 왕자가 말했다. (이정서 역)

어린 왕자는 이 작품 속에서 상대에 따라 tu와 vous를 분명히 구분해 쓰고 있는 것입니다. 따라서 여기서는 말을 낮춘 것입니다.

이번 장에는 이밖에도 반드시 짚고 가야 할 것이 한 가지 더 있습니다. 마지막 문장인 "Ils ont de la chance."에 대해서입니다.

– Les enfants seuls savent ce qu'ils cherchent, fit le petit prince. Ils perdent du temps pour une poupée de chiffons, et elle devient très importante, et si on la leur enlève, ils pleurent…
– Ils ont de la chance, dit l'aiguilleur.

이것을 직역하면 어찌 될까요? 저는 이렇게 보였습니다.

"단지 아이들만 그들이 찾고 있는 게 뭔지 아는 거네." 어린 왕자가 말했다. "헝겊 인형을 위해 시간을 보내면서, 그게 정말 소중한 게 돼서, 누군가 자신들의 것을 빼앗으려 하면, 울면서 말야……"
"그들은 다행이구나.Ils ont de la chance." 선로변경원이 말했다. (이정서 역)

323

이것을 위의 역자는 이렇게 번역했습니다.

「어린애들만 자기들이 뭘 찾는지 알고 있어요. 어린애들은 헝겊 인형에 시간을 바치고, 그래서 인형은 아주 중요한 것이 되는 거예요. 그걸 빼앗기면 소리 내어 울고……」 어린 왕자가 말했다.
「어린이들은 운이 좋구나.」 전철수가 말했다. (황** 역)

역자는 지금 "Ils ont de la chance"에 쓰인 chance를 일반적인 뜻인 '운'으로 번역한 것입니다. 과연 저기서 '운이 좋다'는 것이 뜻하는 바가 뭘까요? 갑자기 무엇 때문에 운이 좋다고 한 것일까요?
또 다른 번역은 이렇게 되어 있습니다.

"아이들만이 자기가 무얼 찾고 있는지 알아." 어린 왕자가 말했다. "아이들만이 허름한 헝겊인형 하나 때문에도 많은 시간을 보내지. 그러다보면 그 인형이 아주 중요한 게 되는 거야. 누가 그걸 뺏기라도 하면 울어대잖아……"
"아이들은 운이 좋구나." 철도원이 말했다. (김** 역)

보다시피 두 번역조차 서로 확연히 다름을 느낄 수 있을 것입니다. 두 번역은 서로 곳곳이 다르면서, 〈Ils ont de la chance〉에서의 'chance'만큼은 동일하게 '운'으로 번역한 것을 볼 수 있습니다.

그러나 여기에서 〈Ils ont de la chance〉는 '운'의 의미가 아닙니다. 저것이 이 번역들처럼 '운이 좋다'라고 하려면, 동사가 ont가 아니라, sont가 되어야 하는 것입니다.

따라서 여기서는, '운이 좋다'가 아니라, '다행이다' 정도가 되는 것입니다. '그들은 운이 좋다'와 '그들은 다행이다'는 하늘과 땅 차이가 있는 것입니다.

이 차이는 영역을 보면 더 확실해집니다.

영역자는 이렇게 번역했습니다.

"Only the children know what they are looking for," said the little prince. "They waste their time over a rag doll and it becomes very important to them; and if anybody takes it away from them, they cry…"

"They are lucky," the switchman said. (캐서린 우즈 역)

영역자 역시, 〈Ils ont de la chance〉를 "They are lucky,"라고 옮

기고 있는 것을 볼 수 있습니다. 우리 역자들과 같은 것입니다.

그렇다면 어떤 차이가 있다는 것일까요?

ont는 불어의 avoir 동사로, 영어의 have 동사입니다. 영어의 'be 동사'는 être 동사로 여기서의 동사 변형은 'sont'입니다. 그런데, 영역자 역시 저 섬세한 차이를 이해하지 못하고 have로 받아 고민해야 했는데 손쉽게 'be 동사'로 이해해 버린 것입니다. 영어의 바른 번역은 'They have lucky,'인 것입니다.

이전의 이러한 주장에 혹자는 둘 다 같이 쓴다고 저 번역들을 옹호했습니다. 물론 둘 다 쓸 수 있습니다. 그래서 작가는 저것의 동사만을 달리해 둘 다를 쓰고 있는 것입니다.

무슨 소리인가 하면, 작가는 앞에서 être 동사를 이용한 '운이 좋다'는 의미의 문맥으로 문장을 쓰고 있기 때문입니다. 그것도 두 번씩이나……

Horreur des courrants d'air… ce n'est pas de chance, pour une plante,

외풍이 무섭다니… 식물로서는 운이 없구나. (이정서 역)

326

-Ce n'est pas de chance, dit le petit prince.

"운이 없구나." 어린 왕자가 말했다. (이정서 역)

-Ce n'est pas de chance, dit l'allumeur. Bonjour.

"운이 없어." 가로등지기가 말했다. "좋은 아침." (이정서 역)

XXIII

– Bonjour, dit le petit prince.

– Bonjour, dit le marchand.

C'était un marchand de pilules perfectionnées qui apaisent la soif. On en avale une par semaine et l'on n'éprouve plus le besoin de boire.

23

"좋은 아침." 어린 왕자가 말했다.

"좋은 아침." 상인이 말했다.

그 사람은 갈증을 가라앉히는 완벽한 알약을 파는 상인이었다. 일주일에 한 알을 삼키면, 더 이상 물 마실 필요를 느끼지 않게 되는 것이다.

– Pourquoi vends-tu ça? dit le petit prince.

– C'est une grosse économie de temps, dit le marchand. Les experts ont fait des calculs. On épargne cinquante-trois minutes par semaine.

– Et que fait-on de ces cinquante-trois minutes?

– On en fait ce que l'on veut…

« Moi, se dit le petit prince, si j'avais cinquante-trois minutes à dépenser, je marcherais tout doucement vers une fontaine… »

"당신은 왜 그것들을 파는 거야?" 어린 왕자가 물었다.

"시간을 많이 절약해 주거든." 상인이 말했다. "전문가들이 계산을 해봤거든. 일주일에 53분을 절약해 주지."

"그러면 그 53분을 어디에 써?"

"원하는 걸 하는 거지……."

'나라면…' 어린 왕자는 생각했다. '만약 내게 53분이 주어지면, 나는 아주 천천히 샘을 향해 걸을 텐데……'

◆ Note ◆

제대로 된 번역은 반드시 직역이어야 한다고 주장하고 있지만, 모든 번역은 기본적으로 '의역'입니다. 한 언어의 의미를 타 언어의 의미로 옮기는 일이니 말입니다.

그조차 부정하려는 것이 아닙니다. 제가 주장하는 직역의 의미는 곧, 작가의 문체를 '최대한' 살려서 그 뜻을 '가능한' 정확히 새기자는 데 있습니다.

작가가 쓴 주어, 동사, 쉼표, 마침표, 대명사, 접속사 등등 그 하나하나에는 작가가 그렇게 쓴 의도가 있기 때문입니다.

사람들은 그렇게 하면 정말 뜻이 잘 전달되겠느냐, 잘 읽히겠느냐 의문을 품지만 사실은 그래야만 뜻이 정확히 전달될 수 있을 뿐만 아니라, 어떤 유려한 윤문이 가미된 문장보다 잘 읽히는 게 당연한 것입니다.

기본적으로 작가가 자신의 의도를 전달할 목적으로, 가장 잘 읽히게 만든 문장이 원래 원문이기 때문입니다. 어떤 작가도 자신의 문장이 오해받거나 어렵게 읽히는 걸 원치 않을 것입니다. 쉽게 읽히고 잘 읽히게 하기 위해 작가는 한 문장을 두고 몇 날 며칠을 고민하는 것일 테지요.

그런데 그렇게 긴 시간 고뇌하고 다듬어 만든 '좋은 문장'을 역자들이 번역이라고 해서 마음대로, 대명사를 바꾸고, 쉼표를 없애고, 행갈이를 하고 어투를 바꾼다면, 그것이 원문보다 더 잘된 문장이라고 볼 수 있는 근거가 도대체 어디에 있는 것일까요?

한마디로 정리하자면, '문학'의 번역은 절대 역자의 선입관이 가미되어서는 안 되는 것입니다. 작품 속의 상징과 은유, 생략을 있는 그대로 번역해 주려 애쓰는 것, 그게 올바른 역자의 자세일 것입니다.

이번 23장은 〈어린 왕자〉 속에서 가장 짧은 장입니다. 그만큼 은유와 상징이 집약되었다고도 할 수 있을 것입니다.

이것을 역자 임의로 의역하면 어떤 차이가 발생하는지 일부만 살펴보겠습니다.

가장 잘된 번역 가운데 하나로 알려진 번역서는 이렇게 옮겨져 있습니다.

– Bonjour, dit le petit prince.

「안녕하세요.」 어린 왕자가 말했다.

– Bonjour, dit le marchand.

「안녕」 장사꾼이 말했다.

C'était un marchand de pilules perfectionnées qui apaisent la soif. On en avale une par semaine et l'on n'éprouve plus le besoin de boire.

그는 목마름을 달래 주는 최신 개량 알약을 파는 사람이었다. 일주일에 한 알만 먹으면 다시 목이 마르지 않는다는 것이다.

– Pourquoi vends-tu ça? dit le petit prince.

「아저씨는 왜 이런 것을 팔죠?」 어린 왕자가 말했다. (황★★ 역)

1. 우선 앞서 살펴본 바대로 Bonjour를 저렇게 그냥 '안녕'이라고 해버리면 지금 이 대화가 밤 시간에 이루어지고 있는지 낮 시간에 이루어지고 있는지조차 알 길이 없어집니다. 저것 말고는 시간적 정보가 전혀 주어지지 않기 때문입니다.

2. 어린 왕자는 분명히 "Pourquoi vends-tu ça?"라고 물었습니다. 여기서 tu는 marchand를 가리키지만 그가 어떻게 생긴 사람인지에 대해서는 나와 있지 않습니다. 그게 아저씨 나이일 수도, 할아버지 때일 수도, 어린 소년일 수도 있다는 사실입니다. 당연히 대명사 tu는 작가가 쓴 그대로만 받아야 하는 것입니다. (우리말에

334

는 '당신'이 있습니다. 우리말 '당신'은 꼭 존칭을 의미하는 게 아니기 때문입니다.)

3. 따라서 여기에서의 어린 왕자의 어투도 높임말이 되어서는 안 되는 것입니다. 불어에서 존칭은 'vous'이기 때문입니다.

이 번역은 따라서 역자의 선입관이 개입된 번역입니다. 곧, 의역인 것입니다. 작가가 독자의 상상 속에 맡겨 둔 이미지들을 역자 임의로 규정해, 창작해 놓은 셈입니다.

문학 번역은 이래서는 안 된다는 말씀을 드리고 싶은 것입니다.

XXIV

Nous en étions au huitième jour de ma panne dans le désert, et j'avais écouté l'histoire du marchand en buvant la dernière goutte de ma provision d'eau:

— Ah! dis-je au petit prince, ils sont bien jolis, tes souvenirs, mais je n'ai pas encore réparé mon avion, je n'ai plus rien à boire, et je serais heureux, moi aussi, si je pouvais marcher tout doucement vers une fontaine!

— Mon ami le renard, me dit-il…

— Mon petit bonhomme, il ne s'agit plus du renard!

— Pourquoi?

— Parce qu'on va mourir de soif…

Il ne comprit pas mon raisonnement, il me répondit:

— C'est bien d'avoir eu un ami, même si l'on va mourir. Moi, je suis bien content d'avoir eu un ami renard…

24

우리는 엔진 고장으로 사막에서 8일째를 맞았고, 나는 비축해 둔 물의 마지막 한 방울을 마시면서 그 상인의 이야기를 들었다.

"아!" 나는 어린 왕자에게 말했다. "정말 멋지구나, 네 기억들은, 하지만 나는 아직 내 비행기를 고치지 못했고, 더 이상 마실 게 전혀 없으니, 나 역시, 만약 샘을 향해 아주 천천히 걸을 수 있다면, 정말 행복하겠는데!"

"내 친구 여우는…" 그가 말했다.

"내 꼬마 친구님, 더 이상 여우가 문제가 아니겠는데!"

"왜?"

"왜냐하면 우리는 갈증으로 죽게 될 테니까……."

그는 내 이성적인 생각을 이해 못했는지, 내게 대답했다.

"친구가 있다는 건 좋은 거야, 설령 우리가 죽는다 하더라도 말야. 나는, 정말 나는 여우 친구를 가지고 있었던 게 기뻐……."

« Il ne mesure pas le danger, me dis-je. Il n'a jamais ni faim ni soif. Un peu de soleil lui suffit… »

Mais il me regarda et répondit à ma pensée:

– J'ai soif aussi… cherchons un puits…

J'eus un geste de lassitude: il est absurde de chercher un puits, au hasard, dans l'immensité du désert. Cependant nous nous mîmes en marche.

Quand nous eûmes marché, des heures, en silence, la nuit tomba, et les étoiles commencèrent de s'éclairer. Je les apercevais comme en rêve, ayant un peu de fièvre, à cause de ma soif. Les mots du petit prince dansaient dans ma mémoire:

– Tu as donc soif, toi aussi? lui demandai-je.

Mais il ne répondit pas à ma question. Il me dit simplement:

– L'eau peut aussi être bonne pour le cœur…

Je ne compris pas sa réponse mais je me tus… Je savais bien qu'il ne fallait pas l'interroger.

Il était fatigué. Il s'assit. Je m'assis auprès de lui. Et, après un silence, il dit encore:

'그는 위험을 측정하지 못하는 거야.' 나는 생각했다. '그는 결코 배가 고프거나 갈증이 나지 않는 거야. 약간의 햇볕이면 그에겐 충분한 거지……'

하지만 그는 나를 바라보고는, 내 생각에 대답했다.

"나도 목이 말라… 우물을 찾아봐……"

나는 피곤하다는 몸짓을 했다. 광대한 사막에서, 되는대로, 우물을 찾는다는 건 터무니없는 짓이었다. 그럼에도 불구하고, 우리는 걷기에 이르렀다.

우리가 여러 시간을 걸었을 때, 정적 속에서, 밤이 내려앉았고, 별들이 빛을 발하기 시작했다. 나는 갈증으로 인해 약간의 미열을 가지고, 그것들을 꿈결처럼 얼핏 보았다. 어린 왕자의 말이 내 기억 속에서 춤을 췄다.

"그런데 너도 목이 마른 거니, 정말?" 내가 물었다.

그러나 그는 내 질문에 답하지 않았다. 그는 간단히 말했다.

"물은 마음에도 좋을 수 있잖아……"

나는 그의 대답을 이해할 수 없었지만 내색하지는 않았다… 나는 의심의 여지가 없다는 것을 잘 알았던 것이다.

그는 지쳐 있었다. 그가 앉았다. 나는 그의 옆에 앉았다. 그리고, 정적 후에, 그가 다시 말했다.

339

– Les étoiles sont belles, à cause d'une fleur que l'on ne voit pas…

Je répondis « bien sûr » et je regardai, sans parler, les plis du sable sous la lune.

– Le désert est beau, ajouta-t-il…

Et c'était vrai. J'ai toujours aimé le désert. On s'assoit sur une dune de sable. On ne voit rien. On n'entend rien. Et cependant quelque chose rayonne en silence…

– Ce qui embellit le désert, dit le petit prince, c'est qu'il cache un puits quelque part…

Je fus surpris de comprendre soudain ce mystérieux rayonnement du sable. Lorsque j'étais petit garçon j'habitais une maison ancienne, et la légende racontait qu'un trésor y était enfoui. Bien sûr, jamais personne n'a su le découvrir, ni peut-être même ne l'a cherché. Mais il enchantait toute cette maison. Ma maison cachait un secret au fond de son cœur…

– Oui, dis-je au petit prince, qu'il s'agisse de la maison, des étoiles ou du désert, ce qui fait leur beauté est invisible!

– Je suis content, dit-il, que tu sois d'accord avec mon

"별들이 아름다운 건, 우리가 볼 수 없는 어떤 꽃 때문일 거야……."

나는 "물론이지"라고 대답하고는 말없이, 달빛 아래 놓인 모래 능선을 보았다.

"사막은 아름다워." 그는 덧붙였다…….

그것은 사실이었다. 나는 언제나 사막을 사랑했다. 모래언덕에 앉으면 아무것도 보이지 않는다. 어떤 것도 들을 수 없다. 그렇지만 정적 속에서 빛나는 무언가가 있다.

"사막이 아름다운 건," 어린 왕자가 말했다. "어딘가에 우물을 숨기고 있어서야……."

나는 모래밭의 이 신비스러운 광채를 갑작스레 깨닫고는 놀라지 않을 수 없었다. 어린 소년이었을 때 나는 오래된 집에 살았고, 거기에 보물이 묻혀 있다는 전설이 있었다. 물론, 그것을 찾을 수 있는 사람은 아무도 없었으며, 또한 찾으려는 사람조차 없었을 것이다. 그러나 이 모든 것이 그 집을 신비롭게 만들었다. 내 집은 가슴속 깊이 비밀을 숨기고 있었던 것이다.

"그래", 나는 어린 왕자에게 말했다. "집이건, 별이건, 사막이건 그들을 아름답게 하는 것은 눈에 보이지 않지!"

"나는 기뻐," 그가 말했다. "당신이 내 친구 여우와 의견이 같

renard.

Comme le petit prince s'endormait, je le pris dans mes bras, et me remis en route. J'étais ému. Il me semblait porter un trésor fragile. Il me semblait même qu'il n'y eût rien de plus fragile sur la Terre. Je regardais, à la lumière de la lune, ce front pâle, ces yeux clos, ces mèches de cheveux qui tremblaient au vent, et je me disais: « Ce que je vois là n'est qu'une écorce. Le plus important est invisible… »

Comme ses lèvres entr'ouvertes ébauchaient un demi-sourire je me dis encore: « Ce qui m'émeut si fort de ce petit prince endormi, c'est sa fidélité pour une fleur, c'est l'image d'une rose qui rayonne en lui comme la flamme d'une lampe, même quand il dort… » Et je le devinai plus fragile encore. Il faut bien protéger les lampes: un coup de vent peut les éteindre…

Et, marchant ainsi, je découvris le puits au lever du jour.

아서."

어린 왕자가 잠들었으므로, 나는 그를 내 팔에 안고 다시 길을 떠났다. 나는 감동했다. 그것은 내게 부서지기 쉬운 보물을 들고 있는 것같이 여겨졌다. 지구상에 그보다 더 부서지기 쉬운 것은 없을 것 같았다. 나는 달빛 속에서, 그의 창백한 얼굴과, 감긴 눈, 바람에 흔들리는 머리칼을 보았고, 나는 생각했다. '내가 보고 있는 이건 하나의 껍질일 거야. 가장 소중한 건 눈에 보이지 않아……'

그의 반쯤 열린 입술이 살짝 미소 지을 때까지 나는 여전히 생각했다. '이 잠든 어린 왕자가 이렇듯 강하게 나를 감동시키는 것은 한 송이 꽃에 대한 그의 변함없는 사랑 때문일 거야. 등불의 불꽃처럼 그를 빛나게 하는 것도 한 송이 장미의 형상 때문일 거야. 심지어 그가 잠들었을 때조차……' 그리고 나는 그것이 여전히 더 부서지기 쉬울 거라고 짐작했다. 등불은 잘 지켜야만 한다. 한 번의 바람에도 꺼질 테니……

그리고, 그렇게 걷다가, 나는 새벽에 그 우물을 발견했다.

◆ Note ◆

혹자는 번역에 있어서의 문장구조의 일대일 대응은 불가능하다며, 번역 현장에서 그것은 탁상공론에 불가하다고까지 주장합니다. 그러나 그것은 절대 그렇지 않은 것입니다. 오히려 어떤 문장이 직역으로 안 되겠다고 느껴 역자 임의로 의역을 하는 순간 그건 곧 '오역'이 되는 것입니다.

같은 맥락에서 작가의 서술 구조를 지켜 직역하려 애쓰지 않으면, 정말 작가가 고민해 만든 멋진 문장을 촌스럽고 유치하게 만들 수 있는 것은 너무나 당연한 것일 터입니다.

문학예술은 단지 스토리만을 옮긴다고 해서 원래의 감동이 전달되는 것이 결코 아니기 때문입니다.

– Mon petit bonhomme, il ne s'agit plus du renard!

– Pourquoi?

– Parce qu'on va mourir de soif…

Il ne comprit pas mon raisonnement, il me répondit:

– C'est bien d'avoir eu un ami, même si l'on va mourir. Moi, je suis bien content d'avoir eu un ami renard…

"내 꼬마 친구님, 더 이상 여우가 문제가 아니겠는데!"

"왜?"

"왜냐하면 우리는 갈증으로 죽게 될 테니까……."

그는 내 이성적인 생각을 이해 못했는지, 내게 대답했다.

"친구가 있다는 건 좋은 거야, 설령 우리가 죽는다 하더라도 말
야. 나는, 정말 나는 여우 친구를 가지고 있었던 게 기뻐……."

(이정서 역)

「애야, 지금은 여우 이야기를 할 때가 아니야!」

「왜?」

「목이 말라 죽을 지경인데……」

그는 내 설명을 이해하지 못하고 이렇게 대답했다.

「죽는다고 해도 친구를 하나 가진 것은 좋은 일이야. 난 내 친구
여우를 가져서 기뻐……」 (황** 역)

"애야, 여우 얘기를 하고 있을 때가 아냐!"

"왜?"

"목이 말라 죽을 지경이니까……"

345

어린 왕자는 내 말을 이해할 수 없다는 듯 대답했다.

"죽을 지경이라 해도 친구가 있었다는 건 좋은 일이야. 난 여우 친구가 있었다는 게 기뻐……" (김** 역)

Mon petit bonhomme라는 호칭을 어떻게 옮기는가에 따라 이렇듯 큰 차이가 생깁니다.

– Oui, dis-je au petit prince, qu'il s'agisse de la maison, des étoiles ou du désert, ce qui fait leur beauté est invisible!

– Je suis content, dit-il, que tu sois d'accord avec mon renard.

"그래," 나는 어린 왕자에게 말했다. "집이건, 별이건, 사막이건 그들을 아름답게 하는 것은 눈에 보이지 않지!"

"나는 기뻐," 그가 말했다. "당신이 내 친구 여우와 의견이 같아서." (이정서 역)

「그래.」 어린 왕자에게 말했다. 「집이나 별이나 사막이나 그걸 아름답게 하는 것은 눈에 보이지 않는 것이야!」

「아저씨가 내 여우하고 같은 생각이어서 기뻐.」 그가 말했다.

(황** 역)

346

tu를 '아저씨'라고 의역하는 것 역시 마찬가지입니다.

Ce qui m'émeut si fort de ce petit prince endormi, c'est sa fidélité pour une fleur, c'est l'image d'une rose qui rayonne en lui comme la flamme d'une lampe, même quand il dort… »
'이 잠든 어린 왕자가 이렇듯 강하게 나를 감동시키는 것은 한 송이 꽃에 대한 그의 변함없는 사랑 때문일 거야. 등불의 불꽃처럼 그를 빛나게 하는 것도 한 송이 장미의 형상 때문일 거야. 심지어 그가 잠들었을 때조차…….' (이정서 역)

〈잠든 어린 왕자가 나를 이렇듯 감동하게 만드는 것은, 한 송이 꽃에 바치는 그의 성실한 마음 때문이다. 비록 잠이 들어도 그의 가슴속에서 등불처럼 밝게 타오르는 한 송이 장미꽃의 영상이 있기 때문이다……〉 (황** 역)

이렇듯 의역과 직역은 큰 차이가 있는 것입니다.

XXV

— Les hommes, dit le petit prince, ils s'enfournent dans les rapides, mais ils ne savent plus ce qu'ils cherchent. Alors ils s'agitent et tournent en rond…

Et il ajouta:

— **Ce n'est pas la peine…**

Le puits que nous avions atteint ne ressemblait pas aux puits sahariens. Les puits sahariens sont de simples trous creusés dans le sable. Celui-là ressemblait à un puits de village. Mais il n'y avait là aucun village, et je croyais rêver.

— C'est étrange, dis-je au petit prince, tout est prêt: la poulie, le seau et la corde…

Il rit, toucha la corde, fit jouer la poulie. Et la poulie gémit comme gémit une vieille girouette quand le vent a longtemps dormi.

25

"사람들은, 고속열차에 서둘러 오르지만, 자신들이 무얼 찾고 있는 건지 더 이상 알지 못해." 어린 왕자가 말했다. "그래서 그들은 불안해하고 돌면서 왔다 갔다 하는 거야……."

그리고 그는 덧붙였다.

"그렇게 애쓸 필요 없는데……."

우리가 다다랐던 우물은 사하라사막의 우물처럼 보이지 않았다. 사하라사막의 우물들은 모래에 파인 단순한 구덩이였다. 이것은 한 마을의 우물처럼 보였다. 하지만 거기에 마을은 없었으므로, 나는 꿈을 꾸고 있는 게 아닌가 생각했다.

"이상하네…" 어린 왕자에게 내가 말했다. "모든 게 준비되어 있어. 도르래, 두레박, 그리고 밧줄까지……."

그는 웃었고, 밧줄을 만져 보고는, 도르래를 작동시켰다. 그러자 도르래가 오래도록 바람이 잠들어 있던 낡은 풍향계의 신음소리 같은 소리를 냈다.

Il rit, toucha la corde, fit jouer la poulie.

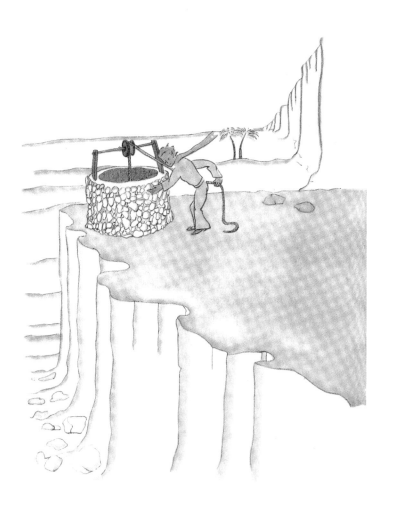

그는 웃었고, 밧줄을 만져 보고는, 도르래를 작동시켰다.

— Tu entends, dit le petit prince, nous réveillons ce puits et il chante…

Je ne voulais pas qu'il fît un effort:

— Laisse-moi faire, lui dis-je, c'est trop lourd pour toi.

Lentement je hissai le seau jusqu'à la margelle. Je l'y installai bien d'aplomb. Dans mes oreilles durait le chant de la poulie et, dans l'eau qui tremblait encore, je voyais trembler le soleil.

— J'ai soif de cette eau-là, dit le petit prince, donne-moi à boire…

Et je compris ce qu'il avait cherché!

Je soulevai le seau jusqu'à ses lèvres. Il but, les yeux fermés. C'était doux comme une fête. Cette eau était bien autre chose qu'un aliment. Elle était née de la marche sous les étoiles, du chant de la poulie, de l'effort de mes bras. Elle était bonne pour le cœur, comme un cadeau. Lorsque j'étais petit garçon, la lumière de l'arbre de Noël, la musique de la messe de minuit, la douceur des sourires faisaient ainsi tout le rayonnement du cadeau de Noël que je recevais.

"들어 봐," 어린 왕자가 말했다. "우리가 이 우물을 깨웠고 그가 노래를 해……."

나는 그가 힘들이는 걸 원치 않았다.

"그걸 내게 줘…" 그에게 내가 말했다. "그건 네게 너무 무거워."

천천히 나는 두레박을 테두리 돌 위로 끌어 올렸다. 나는 균형을 제대로 유지했다. 귓속에서 도르래의 노랫소리가 지속되었고, 아직도 흔들리는 물 위로, 나는 태양이 흔들리는 것을 보았다.

"목이 말라…" 어린 왕자가 말했다. "마시게 해줘……."

그리하여 나는 그가 찾고자 했던 것을 이해했던 셈이다!

나는 그의 입술까지 두레박을 들어올렸다. 그는 눈을 감은 채 마셨다. 그것은 하나의 축제처럼 감미로웠다. 그 물은 다른 어떤 음식보다 맛난 것이었다. 그것은 별 밑을 걸어와서, 내 팔의 수고로, 도르래를 노래하게 하여 생겨난 것이었다. 그것은 가슴에도 선물처럼 좋은 것이었다. 내가 작은 소년이었을 때, 크리스마스트리의 화려한 조명과 자정 미사의 음악, 내가 받은 빛나던 크리스마스 선물 전부가 웃음을 불러일으켰다.

— Les hommes de chez toi, dit le petit prince, cultivent cinq mille roses dans un même jardin… et ils n'y **trouvent** pas ce qu'ils **cherchent**…

— Ils ne le **trouvent** pas, répondis-je…

— Et cependant ce qu'ils **cherchent** pourrait être **trouvé** dans une seule rose ou un peu d'eau…

— Bien sûr, répondis-je.

Et le petit prince ajouta:

— Mais les yeux sont aveugles. Il faut **chercher** avec le cœur.

J'avais bu. Je respirais bien. Le sable, au lever du jour, est couleur de miel. J'étais heureux aussi de cette couleur de miel. Pourquoi fallait-il que j'eusse de la peine…

— Il faut que tu tiennes ta promesse, me dit doucement le petit prince, qui, de nouveau, s'était assis auprès de moi.

— Quelle promesse?

— Tu sais… une muselière pour mon mouton… je suis responsable de cette fleur!

Je sortis de ma poche mes ébauches de dessin. Le petit prince les aperçut et dit en riant:

"당신 별의 사람들은," 어린 왕자가 말했다. "한 정원에 오천 송이 장미를 키우면서도… 자기들이 찾고 있는 것을 발견하지 못해……."

"그들은 발견하지 못하지." 나는 대답했다.

"아무리 그렇더라도 자신들이 찾고 있는 것을 장미 한 송이나 약간의 물에서도 발견할 수 있을 텐데……."

"물론이야." 내가 대답했다.

그리고 어린 왕자가 덧붙였다.

"하지만 눈으로는 보이지 않아. 마음으로 찾아야만 해."

나는 물을 마셨다. 숨쉬기가 편해졌다. 새벽이면, 사막은 벌꿀 색이 된다. 나는 단지 이 벌꿀 색만으로도 행복했다. 나는 왜 괴로워했던 걸까…….

"당신은 약속을 지켜야만 해." 어린 왕자가 내 옆에 앉으며, 내게 재차 부드럽게 말했다.

"무슨 약속?"

"있잖아… 내 양을 위한 부리망… 나는 그 꽃을 책임져야 하거든!"

나는 호주머니에서 대강 그린 내 그림들을 꺼냈다.

어린 왕자는 그것을 흘끔 보고는 웃으면서 말했다.

– Tes baobabs, ils ressemblent un peu à des choux…

– Oh!

Moi qui étais si fier des baobabs!

– Ton renard… ses oreilles… elles ressemblent un peu à des cornes… et elles sont trop longues!

Et il rit encore.

– Tu es injuste, petit bonhomme, je ne savais rien dessiner que les boas fermés et les boas ouverts.

– Oh! ça ira, dit-il, les enfants savent.

Je crayonnai donc une muselière. Et j'eus le cœur serré en la lui donnant:

– Tu as des projets que j'ignore…

Mais il ne me répondit pas. Il me dit:

– Tu sais, ma chute sur la Terre… c'en sera demain l'anniversaire…

Puis, après un silence il dit encore:

– J'étais tombé tout près d'ici…

Et il rougit.

Et de nouveau, sans comprendre pourquoi, j'éprouvai un

"당신 바오바브나무는, 양배추를 조금 닮았네……."

"아!"

나는 그 바오바브나무를 무척 자랑스러워했건만!

"당신 여우는… 귀들이… 뿔처럼 보여… 그리고 너무 길어!"

그는 여전히 웃었다.

"정당하지 않아, 작은 친구. 나는 보아뱀의 안쪽과 바깥쪽 말고는 어떤 것도 그릴 줄 모른다고 했을 텐데."

"아, 괜찮아." 그가 말했다. "아이들은 알아보거든."

나는 그래서 부리망 하나를 그렸다. 그리고 나는 그에게 그 것을 주면서 가슴이 죄어 왔다.

"너는 내가 모르는 계획을 가지고 있구나……."

하지만 그는 내게 대답하지 않았다. 그는 내게 말했다.

"있잖아, 내가 지구로 떨어진 게… 내일이면 일 년째야……."

그러고 나서, 잠시 침묵한 후에 다시 말했다.

"나는 거의 이 근방에 떨어졌었어……."

그리고 그는 얼굴을 붉혔다.

그리고 재차, 왜 그런지 이해할 수는 없었지만, 나는 이상한 슬픔을 느꼈다. 그렇지만 하나의 의문이 생겼다.

"그때 그건 우연히 아니었구나, 한 주 전 그날 아침 내가 너

chagrin bizarre. Cependant une question me vint:

– Alors ce n'est pas par hasard que, le matin où je t'ai connu, il y a huit jours, tu te promenais comme ça, tout seul, à mille milles de toutes les régions habitées! Tu retournais vers le point de ta chute?

Le petit prince rougit encore.

Et j'ajoutai, en hésitant:

– À cause, peut-être, de l'anniversaire?…

Le petit prince rougit de nouveau. Il ne répondait jamais aux questions, mais, quand on rougit, ça signifie « oui », n'est-ce pas?

– Ah! lui dis-je, **j'ai peur…**

Mais il me répondit:

– Tu dois maintenant travailler. Tu dois repartir vers ta machine. Je t'attends ici. Reviens demain soir…

Mais je n'étais pas rassuré. Je me souvenais du renard. On risque de pleurer un peu si l'on s'est laissé apprivoiser…

를 발견한 건, 너는 그처럼 여느 거주지로부터 천 마일이나 떨어진 그곳을, 단지 혼자, 걷고 있던 거였어! 너는 네가 떨어진 그 지점으로 돌아가려던 거였니?"

어린 왕자는 다시 얼굴을 붉혔다.

그리고 나는 주저하며 덧붙였다.

"왜냐하면, 아마, 그건 일 년째가 되기 때문일 테고?"

어린 왕자는 새롭게 얼굴을 붉혔다. 그는 결코 물음에 답하지는 않았다. 하지만, 얼굴을 붉힌다는 것은 '그렇다'는 뜻이 아닌가?

"아!" 그에게 내가 말했다. "나는 두렵구나……."

하지만 그는 대답했다.

"당신은 이제 일해야 하잖아. 당신의 기계로 돌아가야만 해. 나는 여기서 당신을 기다리고 있을게. 내일 저녁에 돌아와……."

하지만 나는 마음이 놓이지 않았다. 나는 여우를 떠올렸다. 우리가 우리 스스로 길들여지기 위해서라면 얼마간 울어야 할 위험을 무릅써야 하는 것일지도 모르겠다…….

⋄ Note ⋄

번역을 하다 이해가 안 되는 문장을 만나면 어찌 해결하느냐는 질문을 많이 받았습니다. 주변에 외국어를 잘하는 사람에게, 혹은 원어민에게 물을 거라고 생각하는 분들도 있는 것 같았습니다. 그러나 보통의 역자들은 절대로 그러지 않습니다.

실상 역자 본인이 어렵다면 그건 다른 이 역시 매한가지라는 것을 알기 때문입니다. 수많은 시간을 혼자 고뇌하며 번역해 오다 어느 순간 어려운 문맥과 맞닥쳤다고 해서, 그걸 일부만 떼어서 누군가에게 묻는다는 것인데 그에 대해 답해 줄 수 있는 사람은 기실 세상에 아무도 없는 것입니다.

질문을 받은 상대는 작가나 신이 아닌 이상 상식선에서 답할 수밖에 없고, 오히려 그것은 문제를 해결하는 데 방해가 될 공산이 크다는 것 또한 역자들은 알고 있기 때문입니다. 상대가 누구이건 그에게조차 그 문장은 사전이나 문법책으로도 찾아볼 수 없을 만큼 까다로운 것이기 때문일 것입니다.

이미 번역이 되어 있는 고전 소설 몇 개를 비교해 보다 보니 그 사실은 더욱 명약관화해졌습니다. 내게 어려운 문장은 그분들에게도 어려웠던 것입니다. 오히려 그분들의 번역을 보거나, 그 밖의 뛰어난 능력자의 답변을 참고하게 되면, 잘못된 선입관을 갖게 해서, 오히려 문제를 해결할 수 없게 될 소지가 훨씬 큰 것입니다.

원어민에게 물어본다는 것도 터무니없는 일입니다. 어떤 문장에 대해 '해석'해 주는 원어민의 우리말 능력이 결코 역자보다 뛰어날 수는 없기 때문입니다.

번역은 단지 외국어의 말하기 능력과는 전혀 무관한 이유입니다.

그런 점에서, 문장 문장이 은유와 상징으로 이루어진 문학작품을 여러 사람이 나누어 번역한 뒤 뛰어난 한 사람이 취합해 문장을 다듬는다거나, 아예 한 개인이 아닌 뛰어난 여럿이 토론을 하고 합의하에 번역을 한다는 것은 듣기에 따라서는 그럴듯하지만, 말도 안 되는 것으로, 애초에 바른 번역을 포기하고 하는 작업인 것입니다.

다시 그런 점에서, 번역은 오롯이 '혼자만의 전쟁'인 것입니다.

그 혼자만의 전쟁에서 역자는 간혹, 도저히 이해할 수 없으면 적당히 마무리하고 넘어간 것을 보게 됩니다. 그렇게 지나면 원문을 모르는 독자는 거기서 어떤 문맥이 생략되었는지 절대 알 수 없거니와, 원문을 해독할 수준의 독자라 해도, 역자도 적당히 포기했던 문맥이기에 그걸 발견하기는 쉽지 않은 것입니다.

예컨대 이번 장에는 이런 문맥이 나옵니다.

Lentement je hissai le seau jusqu'à la margelle. Je l'y installai bien d'aplomb. Dans mes oreilles durait le chant de la poulie et, dans l'eau qui tremblait encore, je voyais trembler le soleil.

결코 간단치 않은 문장입니다.

이 문장을 우리 역자들은 이렇게 번역했습니다.

나는 천천히 우물 전까지 두레박을 당겨올려서 똑바로 세워놓았다. 내 귀에는 도르레 소리가 쟁쟁하게 울리고 있었고 출렁대는 두레박의 물 속에서 햇빛이 일렁이는 것이 보였다. (김** 역)

맞는 번역일까요? 번역된 문장만 두고 보면 전혀 무리가 없어 보입니다. 그러나 자세히 보면 원문은 세 개의 마침표가 사용된 세 개의 온전한 문장이지만, 번역문은 두 문장으로 이루어져 있습니다. 아예 한 문장을 누락시킨 것입니다. 실수일까요? 전혀 그렇지 않은 것입니다. 역자는 지금 Je l'y installai bien d'aplomb.

를 제대로 이해하지 못하고 문장 속에 녹일 수 없게 되자 동사 installer를 '세우다'로 해석해 앞쪽에 연결시키고는 아예 한 문장을 삭제해 버린 것입니다. 여기서 installai는 "세우다"라는 의미가 아니라 "~을 유지하다"의 의미인 것입니다. 앞의 문장의 동사는 hisser로 '끌어 올렸다'로 종결된 것이구요.

따라서 작가가 쓴 서술 구조를 지켜 직역하면,

천천히 나는 두레박을 테두리 돌 위로 끌어 올렸다. 나는 균형을 제대로 유지했다. 귓속에서 도르래의 노랫소리가 지속되었고, 아직도 흔들리는 물 위로, 나는 태양이 흔들리는 것을 보았다. (이정서 역)

지금 내가 두레박을 끌어 올리고 있고, 그 두레박을 끌어 올리면서 우물 속에서 '균형을 잘 유지한다'라는 뜻입니다. 우물 속 두레박의 균형을 유지하지 못하면 물이 쏟아져 버리기 때문입니다 (이것은 우물에서 두레박질을 해보지 않은 사람은 절대 이해할 수 없을 것입니다. 그래서 저런 번역이 되지 않았을까 생각해 봅니다).

아무튼 그래야 다음 문장, 물이 우물 속에서 길어 올려지면서, 흔들리는 두레박 속의 그 물 위로 태양이 흔들리는 것이 보이게 되는 것입니다. 대단히 시적인 표현입니다.

이것을 다른 역자 또한 이렇게 번역합니다.

천천히 나는 두레박을 우물의 둘레돌까지 들어 올려 넘어지지 않게 올려놓았다. 나의 귓속에서는 도르래의 노래가 계속 울렸고 여전히 출렁거리는 물 속에서 해가 출렁거리는 것을 나는 보았다. (황** 역)

역시 Je l'y installai bien d'aplomb. 문장을 빼버린 것을 알 수 있습니다.

까다로운 문장은 영역자라고 다를 바 없는 것입니다. 캐서린 우즈는 이렇게 옮겼습니다.

I hoisted the bucket slowly to the edge of the well and set it there—happy, tired as I was, over my achievement. The song of the pulley was still in my ears, and I could see the sunlight shimmer in the still trembling water. (캐서린 우즈 역)

영문을 직역하면 어찌 될까요?

나는 두레박을 천천히 우물의 테두리까지 끌어올렸고 거기에 놓았다—지치긴 했지만, 내 업적에 만족하면서. 도르래의 노래가 아직도 내 귓가에 있었고, 나는 아직도 진동하고 있는 물속에서 햇빛이 일렁이는 것을 볼 수 있었다.

영역자 역시 저 단독적인 한 문장을 이해하지 못해서 우리 역자들처럼 완전히 의역한 것을 알 수 있습니다.

XXVI

Il y avait, à côté du puits, une ruine de vieux mur de pierre. Lorsque je revins de mon travail, le lendemain soir, j'aperçus de loin mon petit prince assis là-haut, les jambes pendantes. Et je l'entendis qui parlait:

— Tu ne t'en souviens donc pas? disait-il. Ce n'est pas tout à fait ici!

Une autre voix lui répondit sans doute, puisqu'il répliqua:

— Si! Si! c'est bien le jour, mais ce n'est pas ici l'endroit...

Je poursuivis ma marche vers le mur. Je ne voyais ni n'entendais toujours personne. Pourtant le petit prince répliqua de nouveau:

— ... Bien sûr. Tu verras où commence ma trace dans le sable. Tu n'as qu'à m'y attendre. J'y serai cette nuit.

26

　거기, 우물 옆에는, 오래된 돌담의 잔해 하나가 있었다. 다음 날 저녁, 내 작업으로부터 돌아왔을 때, 나는 조금 떨어진 곳에서 어린 왕자가 거기에 다리를 늘어뜨리고 앉아 있는 것을 보았다. 그리고 그가 하는 말을 들었다.

　"너는 기억나지 않는 거야?" 그가 말했다. "여기서 전부 이루어졌던 일이 아니야!"

　어떤 다른 목소리가 그에게 틀림없이, 반박하며 대답했다.

　"맞아! 맞다구! 그날은 맞지만, 위치는 여기가 아니었어……"

　나는 담을 향해 계속해서 걸었다. 여전히 나는 아무것도 보거나 듣지 못했다. 그렇지만 어린 왕자가 새롭게 반박했다.

　"…물론이야. 너는 모래에서 내 발자국이 시작된 곳을 볼 수 있을 거야. 너는 그곳에서 날 기다리고 있지 않으면 안 돼. 나는 오늘 밤 거기로 갈 거니까……"

J'étais à vingt mètres du mur et je ne voyais toujours rien.

Le petit prince dit encore, après un silence:

– Tu as du bon venin? Tu es sûr de ne pas me faire souffrir longtemps?

Je fis halte, le cœur serré, mais je ne comprenais toujours pas.

– Maintenant va-t'en, dit-il… je veux redescendre!

Alors j'abaissai moi-même les yeux vers le pied du mur, et je fis un bond! Il était là, dressé vers le petit prince, un de ces serpents jaunes qui vous exécutent en trente secondes. Tout en fouillant ma poche pour en tirer mon revolver, je pris le pas de course, mais, au bruit que je fis, le serpent se laissa doucement couler dans le sable, comme un jet d'eau qui meurt, et, sans trop se presser, se faufila entre les pierres avec un léger bruit de métal.

Je parvins au mur juste à temps pour y recevoir dans les bras mon petit bonhomme de prince, pâle comme la neige.

– Quelle est cette histoire-là! Tu parles maintenant avec les serpents!

나는 그 담으로부터 20미터쯤 떨어져 있었고 여전히 아무것도 볼 수 없었다.

어린 왕자가 침묵 후에 다시 말했다.

"너는 좋은 독을 가지고 있지? 오랫동안 날 괴롭게 하지 않을 걸 확신하지?"

나는 가슴이 죄어 와서 멈추었지만, 여전히 이해하지 못했다.

"이제 가 봐," 그가 말했다… "나는 다시 내려가고 싶어!"

그때 나는 담 밑을 내려다보게 되었고, 깜짝 놀라 펄쩍 뛰고 말았다! 거기에는, 30초면 누군가를 죽일 수 있는 노란 뱀 한 마리가, 어린 왕자를 향해 몸을 곧추세우고 있었던 것이다. 호주머니 속 내 권총을 찾으면서, 나는 내달렸다. 하지만 내가 낸 소음에, 뱀은 사라지는 배수관의 물처럼, 그리고, 크게 서두름 없이, 가벼운 쇳소리를 내면서 돌 틈 사이로 슬그머니 사라져 버렸다.

나는 눈처럼 창백해진, 내 작은 왕자를 팔로 안을 수 있을 시간에 맞춰 담에 다다를 수 있었다.

"도대체 그 이야기는 뭐였니! 네가 지금 뱀과 함께 한 얘기 말이야!"

– Maintenant va-t'en, dit-il… je veux redescendre!

"이제 가 봐," 그가 말했다… "나는 다시 내려가고 싶어!"

J'avais défait son éternel cache-nez d'or. Je lui avais mouillé les tempes et l'avais fait boire. Et maintenant je n'osais plus rien lui demander. Il me regarda gravement et m'entoura le cou de ses bras. Je sentais battre son cœur comme celui d'un oiseau qui meurt, quand on l'a tiré à la carabine. Il me dit:

— Je suis content que tu aies trouvé ce qui manquait à ta machine. Tu vas pouvoir rentrer chez toi…

— Comment sais-tu!

Je venais justement lui annoncer que, contre toute espérance, j'avais réussi mon travail!

Il ne répondit rien à ma question, mais il ajouta:

— Moi aussi, aujourd'hui, je rentre chez moi…

Puis, mélancolique:

— C'est bien plus loin… c'est bien plus difficile…

Je sentais bien qu'il se passait quelque chose d'extraordinaire. Je le serrais dans les bras comme un petit enfant, et cependant il me semblait qu'il coulait verticalement dans un abîme sans que je pusse rien pour le retenir…

Il avait le regard sérieux, perdu très loin:

나는 영원할 것 같은 그의 금색 머플러를 풀어 헤쳤다. 나는 그의 관자놀이를 적시고, 물을 먹였다. 이제 나는 감히 더 이상 물을 수 없었다. 그는 나를 엄숙하게 바라보았고 팔로 내 목을 둘렀다. 나는 총에 맞아, 죽어 가는 새의 그것처럼 뛰는 그의 가슴을 느꼈다. 그는 내게 말했다.

"나는 당신이 엔진 결함을 찾아내서 기뻐. 당신도 집으로 돌아갈 테지……"

"네가 어떻게 알았니!"

나는 그에게 예상과 달리, 내 일을 성공했다고 막 알려 줄 참이었다!

그는 내 물음에는 답하지 않았지만, 덧붙여 말했다.

"나 역시, 오늘, 집으로 돌아가……"

그러고는 쓸쓸하게,

"그건 훨씬 더 멀고… 훨씬 어려워……"

나는 무언가 놀라운 일이 일어나고 있다는 걸 느꼈다. 나는 그를 어린아이처럼 두 팔로 꼭 끌어안았지만, 그는 내가 잡을 수 없는 구렁텅이로 수직으로 가라앉고 있는 것처럼 여겨졌다……

그의 진지한 눈길은 아득히 먼 곳을 헤매고 있었다.

— J'ai ton mouton. Et j'ai la caisse pour le mouton. Et j'ai la muselière…

Et il sourit avec mélancolie.

J'attendis longtemps. Je sentais qu'il se réchauffait peu à peu:

— Petit bonhomme, tu as eu peur…

Il avait eu peur, bien sûr! Mais il rit doucement:

— J'aurai bien plus peur ce soir…

De nouveau je me sentis glacé par le sentiment de l'irréparable. Et je compris que je ne supportais pas l'idée de ne plus jamais entendre ce rire. C'était pour moi comme une fontaine dans le désert.

— Petit bonhomme, je veux encore t'entendre rire…

Mais il me dit:

— Cette nuit, ça fera un an. Mon étoile se trouvera juste au-dessus de l'endroit où je suis tombé l'année dernière…

— Petit bonhomme, n'est-ce pas que c'est un mauvais rêve cette histoire de serpent et de rendez-vous et d'étoile…

Mais il ne répondit pas à ma question. Il me dit:

"나는 당신의 양을 가지고 있어. 그리고 양을 위한 상자도 가지고 있어. 그리고 부리망도……."

그리고 그는 쓸쓸하게 웃었다.

나는 오랫동안 기다렸다. 그가 서서히 온기를 되찾는 걸 나는 느꼈다.

"꼬마 친구, 너는 두려웠었구나……."

그는 물론 두려웠을 테다! 그러나 그는 부드럽게 웃었다.

"나는 오늘 밤에 훨씬 더 두려울 거야……."

나는 다시 돌이킬 수 없다는 느낌에 얼어붙는 듯했다. 그리고 나는 더 이상 그 웃음소리를 들을 수 없다는 생각에 견딜 수 없으리라는 것을 깨달았다. 그것은 내게 있어 사막에 있는 하나의 샘 같은 것이었다.

"꼬마 친구, 나는 여전히 네 웃음소리가 듣고 싶어……."

하지만 그는 내게 말했다.

"오늘 밤, 일 년째가 돼. 내 별이 작년에 내가 떨어졌던 곳 바로 위에서 비추고 있을 거야……."

"꼬마 친구, 만날 약속과 별에 관한 그 뱀의 이야기는 단지 나쁜 꿈이 아니었을까……."

그러나 그는 내 물음에 대답하지 않았다. 그는 내게 말했다.

— Ce qui est important, ça ne se voit pas…

— Bien sûr…

— C'est comme pour la fleur. Si tu aimes une fleur qui se trouve dans une étoile, c'est doux, la nuit, de regarder le ciel. Toutes les étoiles sont fleuries.

— Bien sûr…

— C'est comme pour l'eau. Celle que tu m'as donnée à boire était comme une musique, à cause de la poulie et de la corde… tu te rappelles… elle était bonne.

— Bien sûr…

— Tu regarderas, la nuit, les étoiles. C'est trop petit chez moi pour que je te montre où se trouve la mienne. C'est mieux comme ça. Mon étoile, ça sera pour toi une des étoiles. Alors, toutes les étoiles, tu aimeras les regarder… Elles seront toutes tes amies. Et puis je vais te faire un cadeau…

Il rit encore.

— Ah! petit bonhomme, petit bonhomme j'aime entendre ce rire!

— Justement ce sera mon cadeau… ce sera comme pour l'eau…

"중요한 건, 보이지 않아……."

"물론이지……."

"그 꽃처럼 말이야. 만약 당신이 어떤 별에서 찾아낸 꽃 한 송이를 좋아하게 되면, 밤에, 하늘을 바라보는 것이 달콤할 거야. 모든 별에 꽃이 피어 있는 것 같을 테니까."

"물론이지……."

"그 물처럼 말이야. 당신이 내게 마시게 해준 물은 음악 같았어. 그 도르래와 밧줄 때문이지… 기억하지… 그게 얼마나 좋았는지."

"물론이지……."

"밤에 별들이 보일 거야. 내 별이 어디에 있는 건지 당신에게 보여 주기엔 너무 작아. 그와 같아서 더 좋은 거야. 내 별이, 당신을 위해 여러 별들 가운데 하나로 존재하게 되는 거니까. 그래서 모든 별들이, 그것처럼 보여서 당신은 좋아하게 될 거야… 그들 전부가 당신의 친구가 될 테니까. 그러니 내가 당신에게 선물을 준 셈이지……."

그는 여전히 웃었다.

"아! 꼬마 친구, 나는 그 웃음소리를 듣는 게 좋아!"

"바로 그게 내 선물이 될 거야… 물처럼 말이야……."

– Que veux-tu dire?

– Les gens ont des étoiles qui ne sont pas les mêmes. Pour les uns, qui voyagent, les étoiles sont des guides. Pour d'autres elles ne sont rien que de petites lumières. Pour d'autres, qui sont savants, elles sont des problèmes. Pour mon businessman elles étaient de l'or. Mais toutes ces étoiles-là se taisent. Toi, tu auras des étoiles comme personne n'en a…

– Que veux-tu dire?

– Quand tu regarderas le ciel, la nuit, puisque j'habiterai dans l'une d'elles, puisque je rirai dans l'une d'elles, alors ce sera pour toi comme si riaient toutes les étoiles. Tu auras, toi, des étoiles qui savent rire!

Et il rit encore.

– Et quand tu seras consolé (on se console toujours) tu seras content de m'avoir connu. Tu seras toujours mon ami. Tu auras envie de rire avec moi. Et tu ouvriras parfois ta fenêtre, comme ça, pour le plaisir… Et tes amis seront bien étonnés de te voir rire en regardant le ciel. Alors tu leur diras: « Oui, les étoiles, ça me fait toujours rire! » Et ils te croiront fou. Je t'aurai joué

"그건 무슨 소리니?"

"사람들은 같은 이유로 별을 보는 게 아니야. 여행자로서 어떤 이들에겐, 별은 안내서지. 하지만 다른 어떤 이들에게는, 작은 불빛에 지나지 않아. 다른 이들, 학식이 있는 사람들에게는, 그건 풀어야 할 숙제인 거지. 내가 아는 사업가에게 그건 금덩이였어. 하지만 저 모든 별들이 내색하지 않고 있는 거야. 당신은, 누구도 갖지 못한 별들을 갖게 되는 거야……."

"그건 무슨 소리니?"

"당신이 밤에, 하늘을 바라볼 때, 내가 그 별들 가운데 하나에 머물러 있기 때문이야. 그 가운데 하나에서 내가 웃고 있기 때문이야. 그때 당신에게는 마치 모든 별들이 웃고 있는 것 같을 테니까. 그러니까, 당신은 웃고 있다는 걸 아는 별을 갖게 되는 셈이야!"

그리고 그는 여전히 웃었다.

"그리고 당신이 위로받을 때 (누구나 항상 위로받아) 당신은 나를 알았다는 게 행복할 거야. 당신은 언제나 내 친구일 거야. 당신은 나와 함께 웃고 싶어질 테지. 그러면 당신은 때때로 당신의 창문을 열고, 즐거워하며, 그처럼 웃을 테지… 그리고 당신의 친구들은 하늘을 바라보며 웃고 있는 당신을 보면서 깜짝

un bien vilain tour…

Et il rit encore.

— Ce sera comme si je t'avais donné, au lieu d'étoiles, des tas de petits grelots qui savent rire…

Et il rit encore. Puis il redevint sérieux:

— Cette nuit… tu sais… ne viens pas.

— Je ne te quitterai pas.

— J'aurai l'air d'avoir mal… j'aurai un peu l'air de mourir.

놀랄 테고. 그러면 당신은 그들에게 말할 거야. '그래, 별들은 언제나 나를 웃게 만드네!' 그러면 그들은 당신이 미쳤다고 믿을 거야. 나는 당신에게 몹쓸 장난을 치게 되는 셈이네……."

그리고 그는 여전히 웃었다.

"이건 마치 당신에게 별 대신에 웃을 수 있는 작은 방울들을 준 거나 마찬가지네……."

그리고 그는 여전히 웃었다. 그러고는 다시 진지해졌다.

"오늘 밤… 있잖아… 오지 마."

"나는 너를 떠나지 않을 거야."

"나는 아파 보일 거야… 나는 거의 죽어 가는 것 같을 거

C'est comme ça. Ne viens pas voir ça, ce n'est pas la peine...

– Je ne te quitterai pas.

Mais il était soucieux.

– Je te dis ça... c'est à cause aussi du serpent. Il ne faut pas qu'il te morde... Les serpents, c'est méchant. Ça peut mordre pour le plaisir...

– Je ne te quitterai pas.

Mais quelque chose le rassura:

– C'est vrai qu'ils n'ont plus de venin pour la seconde morsure...

야. 그럴 거야. 그것을 보러 오지 마. 그렇게 애쓸 필요 없잖아……."

"나는 너를 떠나지 않을 거야."

하지만 그는 걱정스러워했다.

"내가 당신에게 말하고자 하는 건… 역시 뱀 때문이기도 해. 그것이 당신을 물지 못하게 해야만 해… 뱀들은 심술궂어. 장난삼아 물 수도 있어……."

"나는 너를 떠나지 않을 거야."

하지만 무언가가 그를 안심시켰다.

"하긴 두 번째 물 때는 더 이상 독이 없지……."

Cette nuit-là je ne le vis pas se mettre en route. Il s'était évadé sans bruit. Quand je réussis à le rejoindre il marchait décidé, d'un pas rapide. Il me dit seulement:

– Ah! tu es là…

Et il me prit par la main. Mais il se tourmenta encore:

– Tu as eu tort. Tu auras de la peine. J'aurai l'air d'être mort et ce ne sera pas vrai…

Moi je me taisais.

– Tu comprends. C'est trop loin. Je ne peux pas emporter ce corps-là. C'est trop lourd.

Moi je me taisais.

– Mais ce sera comme une vieille écorce abandonnée. Ce n'est pas triste les vieilles écorces…

Moi je me taisais.

Il se découragea un peu. Mais il fit encore un effort:

– Ce sera gentil, tu sais. Moi aussi je regarderai les étoiles. Toutes les étoiles seront des puits avec une poulie rouillée. Toutes les étoiles me verseront à boire…

Moi je me taisais.

그날 밤 나는 떠나는 그를 보지 못했다. 그는 소리 없이 달아난 것이다. 내가 그를 따라잡았을 때 그는 작정한 듯 빠른 속도로 걷고 있었다. 그는 단지 이렇게 말했다.

"아! 당신……."

그는 내 손을 잡았다. 하지만 그는 여전히 몹시 걱정했다.

"당신은 잘못한 거야. 당신은 괴로울 거야. 내가 죽고 있는 것처럼 보일 테고 그건 사실이 아니니……."

나는 침묵을 지켰다.

"이해할 거야. 거긴 너무 멀거든. 나는 이 몸을 가져갈 수 없어. 너무 무겁거든."

나는 침묵을 지켰다.

"하지만 그것은 낡아서 버려진 껍질 같은 거야. 낡은 껍질이 슬플 건 없잖아……."

나는 침묵을 지켰다.

그는 약간 의기소침해졌다. 그러나 그는 여전히 애썼다.

"이건 매력적인 일이야, 알잖아. 나 역시 별들을 볼 거야. 모든 별들이 도르래가 달린 우물이 되어 줄 거야. 모든 별들이 내가 마실 수 있게 부어 줄 거야……."

나는 침묵을 지켰다.

— Ce sera tellement amusant! Tu auras cinq cents millions de grelots, j'aurai cinq cents millions de fontaines…

Et il se tut aussi, parce qu'il pleurait…

— C'est là. Laisse-moi faire un pas tout seul.

Et il s'assit parce qu'il avait peur.

Il dit encore:

— Tu sais… ma fleur… j'en suis responsable! Et elle est tellement faible! Et elle est tellement naïve. Elle a quatre épines de rien du tout pour la protéger contre le monde…

Moi je m'assis parce que je ne pouvais plus me tenir debout. Il dit:

— Voilà… C'est tout…

Il hésita encore un peu, puis il se releva. Il fit un pas. Moi je ne pouvais pas bouger.

Il n'y eut rien qu'un éclair jaune près de sa cheville. Il demeura un instant immobile. Il ne cria pas. Il tomba doucement comme tombe un arbre. Ça ne fit même pas de bruit, à cause du sable.

"너무 재미있지 않아! 당신은 오억 개의 방울을 갖게 되고, 나는 오억 개의 샘을 갖게 될 테니……."

그리고 그 역시 침묵했는데, 울고 있었기 때문이다…….

"바로 여기야. 나 혼자 가게 해줘."

그리고 그는 주저앉았다. 두려웠던 것이다.

그가 여전히 말했다.

"있잖아… 내 꽃 말이야… 나는 책임이 있어! 그리고 그녀는 너무 약해! 너무 순진해. 그녀는 네 개의 가시 말고 세상에 대항에 자신을 지켜 줄 거라고는 결코 아무것도 없는 거야……."

나는 주저앉았다. 더 이상 서 있을 수가 없었기 때문이다. 그가 말했다.

"그래, 그게 전부야……."

그는 여전히 조금 주저했고, 그러고는 일어섰다. 그는 한 걸음을 옮겼다. 나는 결코 움직일 수가 없었다.

그의 발목 가까이에서 노란빛이 반짝했을 뿐이었다. 그는 일순간 아무 움직임이 없었다. 그는 소리치지 않았다. 그는 나무가 쓰러지는 것처럼 부드럽게 쓰러졌다. 모래 때문에, 심지어 아무 소리도 나지 않았다.

387

• **Note** •

처음 〈어린 왕자〉를 출간했을 때, 서울의 한 중앙지에 이런 글이 실렸습니다.

번역의 세계에서 가장 흔히 들을 수 있는 말은 "원칙은 없다" 는 것이다. 창작에 원칙이 없듯이 번역도 문법의 오류 외엔 옳고 그름을 따질 수 있는 영역이 아니다. 그것은 차라리 확률에 가깝다. 누군가는 귤보다 밀감이란 단어에서 더 진한 과즙을 느끼고 어떤 사람은 그 반대다. 한국어 사용자들이 어떤 단어에서 어떤 감정을 느끼는지 일일이 파악하는 건 불가능에 가깝고, 역자는 자신이 보유한 한국어에서 최대한 많은 사람이 공유할 거라 믿는 감정을 함께 공유하며 신중하게 단어를 찾아 나서야 한다. 어학 실력만큼 중요한 것이 역자의 언어적 사회성인 것이다.

최근 번역가 이정서씨가 펴낸 '어린 왕자'(새움)의 홍보 방식은 이런 면에서 눈살을 찌푸리게 한다. 지난해 알베르 카뮈 '이방인' 번역본을 내며 기존의 번역들을 오역이라고 주장해 말거리를 양산했던 이씨는 이번에도 책 표지에 '우리가 만난 어린 왕자는 진짜 '어린 왕자'였을까?'란 문구를 박아 넣으며 기존 번역에 오류가 있다고 주장했다. 그에 따르면 어린 왕자와 꽃이 처음 만났을 때 주고 받는 "안녕"은 "좋은 아침"으로 바뀌어야 한다. 시간 정보를 가린다는 이유다. 존대의 여부도 문제 삼는다. 어떤 판에서 어린 왕자는 계속 반말을 하고, 다른 판에선 어른에겐 존대를, 꽃에겐 반말을 한다. 이씨는 정작 원문에선 꽃에게 'vous'(당신)를 전철수에겐 'tu'(너)를 쓴다며 "(역자가) 어른의 시각으로 작품을 보고 해석"한 나머지 "보잘것없는 꽃에게 존대를 할 리는 없고 어른에게는 존대를 했을 거라고 지레짐작"한 것이라고 페이스북을 통해 비판했다(이씨는 어른에게 반말과 존댓말을 섞어 번역했다). 'vous'와 'tu'가 한국어의 존대 개념보다 공적·사적 관계를 구분하는 기능이 좀 더 크다는 사실을 이씨가 모를 리가 없는데도 어떻게 이런 '지레짐작'이 가능한 것일까.

역자가 갖춰야 할 언어적 사회성은 독자를 성의 있게 응시함으로써 가능하다. "좋은 아침"은 누군가에겐 명확한 시간 정보를 담은 인사말이지만, 다른 이에겐 국내에 영어가 한창 유입된 80년대에 급조된 '담백치 못한' 인사말로 느껴질 수 있다. 꽃

에게 반말을 하고 전철수에게 존대를 하는 것은 '어른의 시각'
이 아닌 '한국의 시각'이다. 한국 독자에게 자연스럽게 읽히려
는 역자의 노력과 마찬가지로, 시종 반말을 함으로써 어린 왕자
에게서 외지인의 냄새를 풍기게 하려는 다른 역자의 의도 또한
존중 받아야 한다.

이 밖에도 한 번 "물론이야"로 번역했으면 계속 "물론이야"로
번역해야 한다든지, 접속사와 부연 설명들을 원문에 없다는 이
유로 "오역"이라고 공격하는 이씨의 주장은 그의 눈이 독자가
아닌 기존 역자들을 향하고 있는 게 아닌지 의심하게 만든다.
'이방인' 논란 당시 노이즈 마케팅이란 비판에 펄쩍 뛰었던 그
는 다시 "진짜 어린 왕자"라는 자극적 표현으로 분란을 조장하
고 있다.

– H일보 황★★ 기자

그리고 3년이 지난 지금까지도 여전히 포털 뉴스란에 남아 독
자들에게 읽히고 있는 실정입니다.

우리 번역의 역사는 100년이 미처 되지 않습니다. 실은 모두 당
대에 이루어졌다고 해도 과언이 아닙니다. 우리는 번역은 절대로
직역이 안 되며, 진짜 실력 있는 사람은 의역을 한다고 배웠습니다.

그렇게 배운 사람들이 다시 다른 사람들을 가르쳤던 것입니다.

　"번역의 세계에서 가장 흔히 들을 수 있는 말이 '원칙은 없다'는 말은 그래서 생긴 것이고, 그것이 마치 진리인 양 받아들여졌던 것입니다.

　어렵게 생각할 것이 아닙니다.

　기자는 "창작에 원칙이 없듯이 번역도 문법의 오류 외엔 옳고 그름을 따질 수 있는 영역이 아니다."라면서 저를 비난하고 있지만, 기실 저는 지금 문법이 잘못된 번역을 지적하고 있지, 그 밖의 다른 어떤 것을 지적하고 있는 것이 아닙니다.

　불어에는 문법적으로 확연히 'vous'와 'tu'를 구분해 쓰고 그건 상대에 대한 존칭을 구분하고자 하는 것입니다. 작가가 그렇게 썼으니 문법에 맞게 번역해 주자는 것입니다. 그게 바로 '번역의 원칙'이 되어야 하는 것은 너무나 당연한 것입니다. 그것을 지키자는 것이 왜 '분란'을 조장하고 있다는 비난을 받아야 하는 것인지……

　"물론이야"라는 동어 반복 역시 마찬가지입니다. 작가는 바로 밑에서 '나는 침묵했다Moi je me taisais.'를 반복하기도 합니다. 왜 그랬을까요?

위의 번역을 읽어 보면 아시겠지만, 그것은 극적인 효과를 거두기 위한 작가의 문체인 것입니다. 그것도 단순히 나온 것이 아니라, 작가의 오랜 고뇌 끝에 쓰인 문장일 터입니다. 그걸 있는 그대로 같게 하자는데, 그게 왜 분란을 조장하고 있다고 생각하시나요?

저뿐만이 아닙니다. 모든 문장이 그렇습니다. 번역이라고 해서, 번역이니까, 역자 임의로 그때그때 다르게 옮긴다면, 절대로 작가가 쓰고자 했던 의미를 전달할 수 없게 되는 것입니다.

그러한 원칙 없는 번역이 어떤 결과를 낳는지 보십시오.

"중요한 건 눈에 보이지 않는 거야……"

"물론이지Bien sûr……"

"꽃도 마찬가지야. 만약 어느 별에 있는 꽃 한 송이를 사랑한다면 밤에 하늘을 쳐다보는 기분이 말할 수 없이 달콤할 거야. 어느 별에나 다 꽃이 피어 있을 테니까."

"그럼Bien sûr…"

"물도 마찬가지야. 아저씨가 내게 마시게 해준 물은 음악 같았어. 도르래와 밧줄 때문에…… 생각나지…… 물맛이 정말 좋았지……"

"그럼Bien sûr……" (김★★ 역)

참고로 영역자는 이렇게 번역했습니다.

"The thing that is important is the thing that is not seen..."
"Yes, I know..."
"It is just as it is with the flower. If you love a flower that lives on a star, it is sweet to look at the sky at night. All the stars are a-bloom with flowers..."
"Yes, I know..."
"It is just as it is with the water. Because of the pulley, and the rope, what you gave me to drink was like music. You remember--how good it was."
"Yes, I know..." (캐서린 우즈 역)

어떤 위대한 번역가라 해도 작가가 쓴 문장보다 좋은 문장을 만들어 낼 수 없습니다.

어떤 위대한 학자라 해도 작가가 쓴 문장보다 나은 의미를 담은 문장을 창작해 낼 수 없는 것입니다.

번역은 그야말로 작가가 쓴 의미를 찾아가는 고된 노동인 것입니다.

XXVII

Et maintenant, bien sûr, ça fait six ans déjà… Je n'ai jamais encore raconté cette histoire. Les camarades qui m'ont revu ont été bien contents de me revoir vivant. J'étais triste mais je leur disais: « C'est la fatigue… »

Maintenant je me suis un peu consolé. C'est-à-dire… pas tout à fait. Mais je sais bien qu'il est revenu à sa planète, car, au lever du jour, je n'ai pas retrouvé son corps. Ce n'était pas un corps tellement lourd… Et j'aime la nuit écouter les étoiles. C'est comme cinq cent millions de grelots…

Mais voilà qu'il se passe quelque chose d'extraordinaire. La muselière que j'ai dessinée pour le petit prince, j'ai oublié d'y ajouter la courroie de cuir! Il n'aura jamais pu l'attacher au mouton. Alors je me demande: « Que s'est-il passé sur sa planète? Peut-être bien que le mouton a mangé la fleur… »

27

그리고 이제, 물론, 이미 6년이 흘렀지만… 나는 여전히 이이야기를 떠벌린 적이 결코 없습니다. 나를 다시 만난 동료들은 살아 있는 나를 만난 것에 대해 무척 흡족해했습니다. 나는 슬펐지만, 그들에게 말했습니다. "그건 힘든 일이었어……."

이제 나는 얼마간 마음이 편안해졌습니다. 다시 말해… 완전히는 아니라는 이야기입니다. 하지만 나는 그가 그의 별로 돌아갔다는 걸 압니다. 왜냐하면, 해돋이에, 나는 그의 시신을 되찾을 수 없었기 때문입니다. 그렇게 무거운 육체가 아니었던 것입니다. 그리고 나는 밤에 별들의 소리를 듣는 것을 좋아합니다. 그것은 오억 개의 방울과 같으니 말입니다…….

하지만 여기서 무언가 특별한 일이 발생했답니다. 내가 어린 왕자를 위해 그려 준 부리망에, 가죽끈을 달아 주는 걸 잊었던 겁니다! 그는 결코 그 양에게 끈을 매 줄 수 없었을 것입니다. 그래서 나는 자문합니다. '그의 별에 무슨 일이 일어난 것

Tantôt je me dis: « Sûrement non! Le petit prince enferme sa fleur toutes les nuits sous son globe de verre, et il surveille bien son mouton… » Alors je suis heureux. Et toutes les étoiles rient doucement.

Tantôt je me dis: « On est distrait une fois ou l'autre, et ça suffit! Il a oublié, un soir, le globe de verre, ou bien le mouton est sorti sans bruit pendant la nuit… » Alors les grelots se changent tous en larmes!…

C'est là un bien grand mystère. Pour vous qui aimez aussi le petit prince, comme pour moi, rien de l'univers n'est semblable si quelque part, on ne sait où, un mouton que nous ne connaissons pas a, oui ou non, mangé une rose…

Regardez le ciel. Demandez-vous: le mouton oui ou non a-t-il mangé la fleur? Et vous verrez comme tout change…

Et aucune grande personne ne comprendra jamais que ça a tellement d'importance!

은 아닐까? 아마 양이 꽃을 먹어 버린 건 아닐까…….'

때때로 나는 내게 말합니다. "절대 그럴 리 없어! 어린 왕자는 밤마다 그의 꽃을 그의 유리구 아래 넣어 두고, 양을 잘 지켜보니까……." 그때 나는 행복합니다. 모든 별들이 조용히 웃고 있기 때문입니다.

때때로 나는 내게 말합니다. "누구나 한두 번은 방심할 수 있고, 그것으로 충분해! 그가 어느 날 저녁, 유리구를 씌우는 걸 잊어버리거나, 아니면 그 양이 밤중에 소리 없이 밖으로 나간다면……." 그때는 모든 방울들이 눈물로 바뀌는 것입니다.

이것은 거대한 미스터리입니다. 역시 어린 왕자를 좋아하는 여러분에게는, 나처럼, 만약 어디에선가, 누구인지 모르는, 우리가 알지 못하는 양 한 마리가, 장미 한 송이를 먹었는지의 여부에 따라 우주가 달라지는 것입니다.

하늘을 보세요. 여러분 자신에게 물어보세요. '양이 그 꽃을 먹었을까, 안 먹었을까?' 여러분은 이처럼 모든 게 바뀌는 걸 보게 될 것입니다…….

그런데 그것이 그렇게 소중하다는 것을 이해하는 어른은 결코 없답니다!

Il tomba doucement comme tombe un arbre.

그는 나무가 쓰러지는 것처럼 부드럽게 쓰러졌다.

Ça c'est, pour moi, le plus beau et le plus triste paysage du monde. C'est le même paysage que celui de la page précédente, mais je l'ai dessiné une fois encore pour bien vous le montrer. C'est ici que le petit prince a apparu sur terre, puis disparu.

Regardez attentivement ce paysage afin d'être sûrs de le reconnaître, si vous voyagez un jour en Afrique, dans le désert. Et, s'il vous arrive de passer par là, je vous en supplie, ne vous pressez pas, attendez un peu juste sous l'étoile! Si alors un enfant vient à vous, s'il rit, s'il a des cheveux d'or, s'il ne répond pas quand on l'interroge, vous devinerez bien qui il est. Alors soyez gentils! Ne me laissez pas tellement triste: écrivez-moi vite qu'il est revenu…

이것은, 나에게, 세상에서 가장 아름답고 가장 슬픈 풍경입니다. 이것은 앞 페이지와 같은 풍경이지만, 저는 여러분에게 더 잘 보여 주기 위해 다시 한번 그려 보았습니다. 여기가 어린 왕자가 지상에 나타났다가 사라진 곳입니다.

만약 여러분이 어느 날 아프리카 사막을 여행한다면, 그것을 확실하게 알아볼 수 있도록 이 풍경을 주의 깊게 보아 주세요. 그리고, 만약 여러분이 그곳을 지난다면, 당신께 부탁드리건대, 서두르지 말고, 그 별 밑에서 잠깐 머물러 주시길! 만약 그때 한 아이가 당신에게 다가온다면, 만약 그가 웃고 있다면, 만약 금색 머리칼을 가졌다면, 만약 물음에 대답을 하지 않는다면, 당신은 그가 누구인지 짐작할 수 있을 겁니다. 그때는 친절을 베풀어 주시길! 나를 너무 슬프게 내버려 두지 말아 주시길, 그가 돌아왔다고 내게 빨리 편지를 써 주시길……

✦ Note ✦

보다시피 〈어린 왕자〉의 마지막에는 27장이 마쳐진 다음 에필로그처럼, 이 책의 독자에게 주는 부탁의 글 같은 것이 붙어 있습니다.

Ça c'est, pour moi, le plus beau et le plus triste paysage du monde. C'est le même paysage que celui de la page précédente, mais je l'ai dessiné une fois encore pour bien vous le montrer. C'est ici que le petit prince a apparu sur terre, puis disparu.

Regardez attentivement ce paysage afin d'être sûrs de le reconnaître, si vous voyagez un jour en Afrique, dans le désert. Et, s'il vous arrive de passer par là, je vous en supplie, ne vous pressez pas, attendez un peu juste sous l'étoile! Si alors un enfant vient à vous, s'il rit, s'il a des cheveux d'or, s'il ne répond pas quand on l'interroge, vous devinerez bien qui il est. Alors soyez gentils! Ne me laissez pas tellement triste: écrivez-moi vite qu'il est revenu…

다시 정리하겠습니다.

번역을 위해서 우리는 무엇보다 여기에서 vous를 우리말로 어떻게 옮길 것인지에 대한 결정이 선행되어야 할 것입니다.

불어의 vous는 여러 의미가 있습니다. 우선 2인칭 존칭으로서 '당신'과 복수형으로서 '너희들'을 들 수 있습니다. 불특정인을 가리키는 '사람'이 될 수도 있습니다.

따라서 vous를 어떻게 볼 것이냐에 따라 우리말로는 서술어가 달라지기 때문에 결코 그게 그거일 수 없는 것입니다. 이것은 사실 상당히 중요한 문제입니다. 불어나 우리말과 달리 존칭이 없는 영어에서는 사실 크게 고민할 일이 아닙니다.

영역자는 이렇게 번역했습니다.

This is, to me, the loveliest and saddest landscape in the world. It is the same as that on the preceding page, but I have drawn it again to impress it on your memory. It is here that the little prince appeared on Earth, and disappeared.

Look at it carefully so that you will be sure to recognize it in case you travel some day to the African desert. And, if you should come upon this spot, please do not hurry on. Wait for a time, exactly under the star. Then, if a little man appears who laughs, who has golden hair and who refuses to answer questions, you will know who he is. If this should happen, please comfort me. Send me word that he has come back. (캐서린 우즈 역)

우리나라 역자들은 어떻게 옮겼을까요?

이 책에서 인용하고 있는 두 분 역자 모두 저것을 불특정 다수로 보고 '여러분'으로 옮겼습니다. 그러다 보니 당연히 서술어는 낮춤말을 쓰고 있습니다.

이건 나에게는 이 세상에서 가장 아름답고 가장 슬픈 풍경이다. 앞 페이지의 그것과 같은 풍경이지만 여러분에게 좀더 분명하게 보여주려고 다시 한번 그려보았다. 어린 왕자가 이 지상에 나타났다가 사라진 곳이 바로 여기다. (김** 역)

어느 날 아프리카의 사막을 여행하게 되면 이곳을 확실히 알아볼 수 있도록 이 풍경을 자세히 보아 두라. 그리고 이곳을 지나가게 되거든 제발 서두르지 말고 바로 별 아래서 잠시 기다리라! 그때 한 아이가 여러분에게 다가오면, 그 애가 웃고, 그 애의 머리가 금발이라면, 물어도 그 애가 대답하지 않으면, 그 애가 누구인지 여러분은 알리라. 그때는 친절을 베풀어 달라. 이다지도 슬퍼하는 나를 그대로 버려두지 말고, 이내 편지를 보내 달라. 그 애가 돌아왔노라고······ (황★★ 역)

이것은 맞는 번역일까요?

역자대로라면, 생텍쥐페리는 이 작품을 끝내는 이 마지막 장에서조차 vous를 쓰면서까지 저렇듯 독자들에게 낮춤말을 썼다는 것인데, 그렇게 되면 이 작품 전체의 세계관조차 무너지는 것입니다. 이 책은 아이들에게 바쳐진 것이고, 여기서의 vous는 어린이 여러분을 가리키는 것이며, 말 역시 존대를 하고 있는 것입니다.

그리고 나서 작가는 똑같은 그림을 보여 주면서 다시 vous라고 지칭하며 당부의 말을 남깁니다. 여기서의 vous는 앞의 어린이 여러분과 달리 2인칭 존칭인, 자신과 같은 어른들인 '당신'을 가리키는 것입니다.

다시 정리하면,

작가는 마지막 27장을 쓰면서 앞의 vous는 '어린이 여러분'에

407

게 주는 당부의 말로 복수형 '여러분'의 의미로 썼던 것이고, 뒤의 vous는 2인칭 존칭 '당신'의 의미로 '어른'에게 한 말인 것입니다. 실제 '어린 왕자'가 아니라면, 어린이 혼자 그 사막을 여행할 일은 결코 없을 터이니까요.

이 점은 실제적인 27장의 마지막 문장에도 정확히 밝히고 있는 것입니다.

Et aucune grande personne ne comprendra jamais que ça a tellement d'importance!
그런데 그것이 그렇게 소중하다는 것을 이해하는 어른은 결코 없답니다! (이정서 역)

물론 우리 역자들은 이 문장조차 이렇게 번역하고 있습니다.

그런데 어느 어른도 이게 그토록 중요하다는 것을 결코 이해하지 못하리라! (황★★ 역)
그러나 어른들은 아무도 그게 그렇게 중요하다는 걸 깨닫지 못할 것이다. (김★★ 역)

Antoine de Saint Exupéry

앙투안 드 생텍쥐페리

Antoine de Saint-Exupéry. 1900. 6. 29. ~ 1944. 7. 31.

1900년 6월 29일, 프랑스 리옹의 귀족 가문에서 출생. 아버지는 장 드 생텍쥐페리 백작, 어머니는 마리 부아예 드 퐁스콜롱브.

1904년 부친 장 드 생텍쥐페리 사망.

1908년 리옹 몽테 생 바르텔레미 초등학교 입학.

1909년 가족과 함께 르 망으로 이사. 노트르담 드 생 크루아 중학교 입학.

1912년 조종사 베드린이 모는 비행기를 타고 처음으로 이륙.

1915년 동생 프랑수아와 함께 빌라 생 장 학원의 기숙생이 됨. 이때 발자크, 보들레르, 도스토옙스키 등의 작품 탐독.

1917년 동생 프랑수아 급성 류머티즘으로 사망. 이 죽음은 〈어린 왕자〉를 비극으로 장식하게 된 모티브가 됨. 보쉬에 고등학교, 생 루이 고등학교에서 해군사관학교 입시 준비.

1919년 해군사관학교 입시에서 낙방. 이후 파리미술학교 건축과에서 공부.

1921년 공군에 소집되어 스트라스부르의 전투 비행단 제2연대에서 복무.

1923년 전투 조종사의 꿈을 접고 제대.

1924년 소레 자동차 회사에 입사. 앙드레 지드, 장 프레보와 사귐. 이때 발레리, 지로두 등의 작품 탐독.

1926년 라테고에르 항공 회사 입사. '르 나비르 다르장Le Navire d'Argent'지에 단편 〈비행사Aviateur〉를 발표.

1927년 툴루즈-카사블랑카-다카르 항로 정기 우편비행사로 근무.

1929년 부에노스 아이레스에서 아에로 포스탈의 아르헨티나 우편 항공회사 영업 부장으로 근무. 〈비행사〉를 개작한 장편소설 〈남방 우편기Courrier Sud〉를 출판.

1930년 절친한 친구 기요메가 안데스 산맥 횡단 비행 중 실종되어 동료와 함께 5일간 수색활동을 벌이지만, 실패함.

1931년 부에노스 아이레스에서 알게 된 콘수엘로 순신과 4월 12일에 결혼.
두 번째 소설 〈야간 비행Vol de Nuit〉으로 페미나상 수상.

1933년 라테고에르 항공 회사의 시험비행사가 됨. 생 라파엘 만에서 수상기
를 시험하는 중에 사고를 일으켜 구사일생으로 생존.

1934년 신설된 에어프랑스 사에 입사하여 사이공에서 근무.

1935년 〈파리 수아르Paris Soir〉지 특파원으로 모스크바에 1개월간 파견. 파
리-사이공 비행 기록을 세우기 위해 이집트로 비행하던 중 리비아사
막에 불시착. 5일간 걸어가다가 극적으로 구조됨.

1937년 〈파리 수아르〉지 특파원으로 스페인 내전을 취재함.

1938년 뉴욕에서 이륙해 비행하다 과테말라에서 추락해 큰 부상을 입음.

1939년 〈인간의 대지Terre des Hommes〉 출판. 아카데미 프랑세즈 소설 대상 수
상. 이 책은 미국에서 〈바람, 모래와 별들Wind, Sand and Stars〉로 출간되
어 베스트셀러가 됨. 제2차 세계대전 발발로 툴루즈에서 항법 교관으
로 근무. 이때부터 〈어린 왕자〉 집필 시작.

1940년 〈성채Citadelle〉 집필 시작. 프랑스 북부를 점령한 나치 독일을 피해 미
국으로 망명. 12월, 뉴욕에 정착.

1943년 4월, 미국 Reynal & Hitchcock 출판사에서 〈어린 왕자〉의 불문판 출
간. 캐서린 우즈Katherine Woods의 번역으로 영문판도 동시 출간. 미
군 지휘하의 알제리 정찰 비행단에 재편입을 시도해 우즈다 본대에
편입.

1944년 지중해 지구 공군 총사령관에 청원해 5회만 출격한다는 조건으로 사
르데냐 정찰 비행단에 복귀. 7월 31일 오전 8시 30분, 그로노블-안시
지역으로 마지막 정찰 비행을 떠난 후 실종.